노희용의 경청

마을에 천하가 있다

노희용의 경청

마을에 천하가 있다

무등산	박선홍	무등, 그 산은 차라리 신앙이다
	강정채	오래된 마을 무등산에 길을 물어라
도시재생	장희천	공간, 스스로 사유하고 스스로 말한다
	유창복	마을공화국이 꿈꾸는 세상
	니시오 준	천인(天人)의 마을은 어디에 있을까?
문화도시	전고필	광주 동구, 살아 움직이는 박물관
	황지우	문화중심도시는 소비가 아니라 생산이다
	쯩 찌아오	5·18의 기억, 아시아 문화의 꽃이 되라
복지·인권	최옥채	마을 중심의 복지 생태계를 꾸려라
	김중섭	인권, 머리에서 가슴으로 가는 가장 먼 여행

심미안

마을에 천하가 있다

동구의 살구나무를 꿈꾸며

어릴 적 우리 마을엔 아름드리 살구나무가 한 그루 살았다. 살구나무는 품이 넓었다. 연분홍 살구꽃 피는 봄날이면 마을이 멀리서도 환하게 빛났다. 아이들은 살구나무 아래에서 숨바꼭질과 비석치기를 했고, 그것이 물리면 '무궁화 꽃이 피었습니다'를 외쳐대며 술래잡기로 하루를 보냈다. 날이 저물 때까지 놀이는 계속됐다. 살구나무와 함께 우린 행복했고, 비밀스럽게 내 삶이 열리기 시작했다.

봄 깊어지면 살구나무는 햇살 머금은 노란 열매를 세상에 풀어 놓았다. 동네 형들이 장대를 들고 살구나무 가지를 흔들면 살구가 우수수 떨어졌다. 우리들은 살구나무 아래로 몰려들어 저마다 가지고 온 됫박에 살구를 주워 담았다. 두어 됫박씩 살구를 가슴에 품고 집으로 돌아오면 입 속엔 그득 침이 고였다. 그렇게 세상은 평화로웠고 또한 행복했다.

살구나무는 시간이 흘러가는 동안 제 할 일을 한순간도 멈추지 않았다. 봄이면 꽃을 피워 열매를 내걸어 주었고, 여름에는 잎을 키워 그늘을 늘어뜨려 주었다. 가을과 겨울 묵상하듯 가지런하게 선 빈 몸의 살구나무는 내 정신의 키 자람을 이끌어 주었다. 살다 지칠 때면 그 살구나무 밑이 그립다. 살구나무는 내게 모둠살이의 마을자치를 선험케 했던 것이라 생각한다. 지금도 그 살구나무를 떠올리면 내 몸은 공손해지고 마음은 다스워진다.

2012년 12월 동구청장이 되는 순간 내 안엔 마을이라는 단어가 자꾸 떠올랐고, 내 어린 시절을 훤히 비추던 그 살구나무와 겹쳤다. 지금 나의 소명은 동구의 살구나무가 되는 것이다. 구청장은 정치의 영역보다 자치의 개념이 훨씬 강하다. 자치는 위에서 아래로 내려보내는 게 아니라 아래에서 위로 밀어 올리는 일이다. 먼저 마을이 살아야 하나의 동이 중심을 잡고, 마을의 집결체인 동구 역시 아름다운 꽃을 피워낼 터이다.

이제 마을이라는 몸의 뼈대로 삼을 실천이 남았다. 독일 정치철학자 막스 베버는 '정치인은 신념윤리와 책임윤리를 함께 가져야 한다'고 말했다. 나는 이 정치철학적 경구를, 내면에 품은 생각과 뜻이 아무리 크다 할지라도 실천을 말의 뼈대로 세우지 않으면 아무 짝에도 쓸모없다는 의미로 해석한다. 결국 신념은 몸의 실천과 일상성의 실행 위에서만 책임윤리로 전환될 수 있기 때문이다.

마을텃밭이 건넨 말들

한때 광주의 중심이었으나 지금은 주변부로 밀려난 동구에는 시간의 지층처럼 스러져가는 빈 집들이 많다. 나는 오랫동안 잠들어 있는 폐가들을 활용해 어떻게 동구의 활력으로 전환시킬 수 있는지 고민했다. 해서 주인들의 사용승낙을 받고 천 여 만원을 들여 폐가를 철거했다. 여러 고민 끝에 비워낸 공간에 마을텃밭을 만들기로 했다.

처음 텃밭을 만들 땐 땅이 가져올 뒤의 변화를 짐작조차 못했다. 그런데 넓지 않는 텃밭에선 놀라운 일들이 벌어졌다. 생각지도 못한 변화가 마을에서 일어났다. 사실 우리 구는 재개발 문제 때문에 이웃끼리 말도 안 섞을 정도로 감정이 틀어져 있는 사람들이 많다.

옛 계림극장 옆, 폐가 두 채를 철거해 80평 텃밭을 만들어 분양공고를 내자, 너도 나도 신청을 했다. 28명의 마을주민들이 나눠 가졌으니 한 가족에게 돌아간 땅의 면적은 채 3평이 되지 않는다. 주민들은 텃밭에 상추와 부추를 뿌리고 배추와 무도 심었다. 작물은 성장속도가 빠르다. 마을 사람들은 채소 기르는 재미에 하루가 멀다 하고 텃밭을 찾았다. 재개발 갈등으로 얼굴도 안 쳐다보던 사람들이 텃밭에서 아침저녁으로 만났다. 처음엔 쭈뼛거리며 겨우 인사 정도를 나누다 이내 자연스럽게 말을 섞었다. "똑같이 심었는데 내 것은 왜 이 모양이고, 그 집 상추는 어찌 그리 잘 자라요?" 기적처럼 텃밭에서 화해가 피어났다. 상추 한 잎이 서로의 닫힌 마음을 열게 했다. 남새밭에서, 내면화된 공동체의 감수성이 사람들의 가슴속 깊은 곳에서 터져 나온 것이다. 텃밭효과는 내 정신의 각성을 끌어냈다. 어떤 깨달음 같은 것들이 내게로 왔다. 마을공동체 회복은 다름 아닌 일상으로부터 시작된다는 것을 알게 됐다. 자치는 거창한 담론으로 존재하지 않았다. 텃밭이 곧 자치였다. 올해는 예산을 늘려 더 많은 마을텃밭을 만들 생각이다.

텃밭은 내게 말을 건네고 있었다. 300년 전 과거를 포기한 궁벽한 시골 마을의 선비, 존재存齋 위백규 선생이 장흥 방촌에서 실험했던 자치모델을 광주 동구에서 이뤄낼 수 있을 것 같았다. 선생은 마을에 천하가 있다는 자치의 정점을 현실 안에서 보여주었다.

선생은 과거시험 대신 책과 함께 호미를 들었다. 자신이 품은 뜻을 향촌에서 실천했다. 초당을 세우고, 글을 읽고 농사를 일구며 꿈을 다져갔다. 허울뿐인 양반의 체면과 허위의식을 벗어던졌다. 선생의 삶은 그렇게 스스로 빛났다.

존재가 마을 사람들과 함께 실천한 '농규'는 자치의 표상이다. "노소를 가리지 않고 김을 맬 만한 자면 스스로 김을 맬 것이요, 감당치 못할 자도 잘 지도하여 이르거나, 퇴비 만드는 일을 도울 것이다. 여름날엔 매일 이른 밥을 먹고 각자 도롱이와 호미, 낫을 갖추고 어울려 강독하고, 책자와 붓주머니를 가지고 그 날 일하는 밭으로 모인다. 사시에 김매기를 그치고 시원한 나무 그늘 밑에서 쉬되, 혹은 책을 읽고 혹은 글을 짓고 혹은 신을 삼을 것이요. 미시에 다시 김을 매러 나간다. 비 오는 날을 만나면 강당에 모인다. 겨울철엔 맷방석이나 자리를 매는 일과 겸하여 한다."

따지고 보면 세상을 일으키는 건 작고 소소한 움직임에서 비롯된다. 선생은 무너진 나라의 정치 기강과 도탄에 빠진 백성을 구하는 길이 마을의 변화에서 시작된다고 믿었다. 마을이 살면 지역이 살고, 지역이 살면 국가가 산다는 변방 중심의 정치 철학을 몸소 보여 주었다. 그는 백성을 구제하기 위해 먼저 마을의 변화를 시도했다. 마을과 함께 공부하고, 함께 일하며 그렇게 선생은 텃밭으로부터 개혁을 꿈꾸고 하나씩 실천해 갔다.

오래된 새 길, 경청 그리고 모색

듣는 사람은 적고, 말하는 사람은 넘친다. 나는 입을 닫고, 귀를 열어 놓을 생각이다. 내 경청은 누군가의 마음을 얻기 위한 수단이 아니다. 부족하기에 먼저 비우고, 듣는 방식으로 힘을 모두고 채우는 것이다. 인도의 수상 네루는 '정치란 백성의 눈물을 닦아주는 것' 이라고 했다. 나는 주민들과 함께 걸으며, 듣고 새기면서 보다 아름다운 마을을 만들어 갈 것이다. 그렇게 마을 사람들과 함께 궁량을 키우면서 함께 눈물을 흘릴 것이다.

지금 동구는 오랜 눈물을 닦아낼 미지의 선 위에 서 있다. 무등산이 국립공원이 됐다. 무등산은 광주의 역사와 문화 생태자원의 보고다. 동구는 지금 무등산이 품고 있는 이야기들로 수런거린다. 40억 아시아 인구의 문화허브인 아시아문화전당도 2015년 개관한다. 아시아문화중심도시의 모든 시설이 종과 횡으로 연결되는 지역이 바로 동구다. 이른바 문화경제로 동구를 재구성하는 일이 지금 우리 앞에 과제로 놓여 있다. 이 시점에서 무엇을 할 것인가? 마을로 귀환하는 것이다.

동구는 광주에서 어르신들과 장애인 등 취약계층이 가장 많이 사는 지역이다. 인간존엄을 위한 복지와 인권영역에 따뜻한 온기를 불어넣어 실사구시 행정을 실천해야 하는 대목이다. 오래된 도시의 골목에서 만나는 마을 사람들은 나를 되비쳐주는 거울이었다. 동구와 지역민들을 위해 꼭 풀어야 할 난제들은 가득했다. 우선 난개발에 대한 사회적 성찰을 통해 생명력 깃든 마을재생의 에너지를 생성시켜야 할 것이다. 이를 기반으로 사람 사는 마을이 하나둘 드러나고 펼쳐지게 해야 하는 것이다.

동구는 광주의 근대를 열었던 땅이다. 사람살이의 정이 아직 살아 있다. 그저 폐기처분되기엔 아까운 지난 과거가 동구의 골목 구석구석에 아로 새겨져 있다. 오래된 도시, 광주 동구에서 새 길을 모색하고 만들기 위해 열 분의 선생님들과 깊은 고민을 나눴다. 대화 속에서 공감과 모색이 오고갔다. 대담을 나누는 동안 나는 귀를 크게 열었다. 내게 경청은 세상과 어우러지게 하는 힘을 주었고, 보이지 않는 세상의 일들을 들려주었다. 경청은 내게 가장 아름다운 모색이었다.

노희용의 경청

마을에 천하가 있다

무등산

CONTENTS

도 시 재 생

노희용의 경청

마을에 천하가 있다

문화도시

복 지 · 인 권

노희용의 경청

마을에 천하가 있다

무등, 그 산은 차라리 신앙이다 _박선홍

80세, 이제 겨우 무등산이 보인다

무등산, 건드리지 말고 이야기를 입혀라

회방연, 그 아름다운 관계의 미학

오래된 마을 무등산에 길을 물어라

_강정채

무등(無等), 모든 사람이 평등한 산
방치의 미학, 무등산을 영원히 보존하는 것이다
자연과 공존하려는 마음이 진보다
무등산은 동구의 미래다
동구의 미래, 무등을 닮은 사람을 키워내는 것

무등,
그 산은 차라리 신앙이다

박선홍 선생님과의 대담은 무등산 자락, 전통문화관에서 진행됐다. 선생을 통해 나는 무등산을 더 많이 알게 됐고, 더 많이 사랑하게 됐다. 세포 마디마디에 무등산에 대한 극진한 사랑을 품고 사는 선생을 나는 닮고 싶었다.

노희용 | 광주에서 선생님을 빼놓고는 무등산을 논할 수 없을 것 같습니다. 선생님이 무등산의 역사와 문화, 지리를 집대성한 기록물인 『무등산』을 처음 펴낸 때가 1976년입니다. 벌써 37년 전의 일이네요. 『무등산』은 그 사이 여덟 번이나 판을 거듭하면서 무등산 안내서의 역할을 충실하게 담당했습니다. 그 책 한 권을 들면 무등산이 훤히 보였으니까요. 『무등산』을 읽다 보면 선생님처럼 무등산과 깊은 사랑을 나눈 사람도 없어 보입니다. 무등산의 무엇이 선생님을 그토록 설레게 한 것인지 궁금합니다.

80세, 이제 겨우 무등산이 보인다

박선홍 | 제가 『무등산』 7판을 내며 서문에 썼던 말이 있어요. '이제 겨우 무등산이 보인다' 고요, 평생을 광주에서만 살았는데, 나이

80에 닿으니 그제야 진짜 무등산이 보이는 겁니다. 무등산은 광주라는 도시를 감싸는 풍경이 아니고, 산 자체로 광주 사람들의 삶이었고 역사였어요. 요즈막에 와서는 밥을 먹다가도, 잠을 자다가도 먼발치에서 나직이 땅이 울리는 무등의 묵직한 거동을 느낄 때가 많아요. 어느 날 갑자기 하늘이 무너지고, 땅이 꺼져도 무등산은 광주의 중심에서 비켜서지 않을 겁니다. 김지하 시인 말마따나 무등산이 말없이 감당하고 버텨냈던 그 '중심의 괴로움'이 이제야 보입니다.

노희용 | 선생님의 말씀에서 신앙과 같은 힘이 느껴집니다. 선생님은 저서 『무등산』에서 '무등산은 산세가 유순하고 어느 곳에서 보나 둥그스런 모습이 한결같아 믿음직스럽고 후덕한 느낌을 준다. 좋은 산세가 좋은 고을을 일으킨다고 했으니 해발 1,187m의 큰 산에 기대어 자리 잡은 광주 사람들이야말로 좋은 산세를 타고 난 선민選民이다'고 규정했습니다. 저는 이 구절을 곱씹어 읽을 때마다 무등산이 광주 사람을 규정하는 것 같고, 역으로 광주 사람이 무등산을 규정하는 것 같은 느낌을 받습니다.

박선홍 | 무등산은 광주의 신앙과 같아요. 세계 어느 나라, 어느 곳에도 무등산처럼 조화로운 산을 도시권 안에 두고 있는 곳은 없습니다. 산의 기운은 그 산을 품고 사는 사람들에게 영향을 미쳐요. 저는 1980년 오월의 대동세상이 괜히 광주에서 실현된 게 아니라고 생각해요. 무등산의 기운을 받은 광주 사람들은 역사의 흐름 안에서 깨지고

두 사람의 시선이 향하는 곳에 무등산이 있다. 광주의 어머니가 있다.

무너지면서도 다시 일어나 변혁을 꿈꿀 줄 알았던 거죠. 광주 사람들은 늘 1980년 오월에 먼저 떠난 사람들에게 부채의식을 가지면서 현재 자신의 삶에 대해 반문하고, 반성하잖아요. 저는 광주 사람들의 그런 자기 성찰이 무등산의 기운에서 비롯됐다고 믿어요. 반대로 광주 사람들의 그런 삶에 대한 고뇌가 무등의 이미지를 규정하기도 하죠.

노희용 | '유토피아' 와 '대동세상' 은 동일어가 아닐까 생각해 봅니다. 선생님이 말씀하신 대동세상의 한자 모양을 풀어보면 '큰 천막 안에서 사람들이 함께 밥을 먹는 것' 인데, 모든 사람이 함께 어울려 평등하게 살아가는 세상, 인간사 풍경 중에 이만한 장면이 어디 있을까요? 무등산은 그렇게 광주의 평등세상으로서 철학적 정신적 의미로서 있는 것이고요. 나눔과 자치의 공동체가 가능했던 오월항쟁도 그러한 '무등사상' 에서 발호한 것이 아닌가 싶습니다.

박선홍 | 그렇습니다. 무등산은 어머니 산, 광주의 모산인 거지요. 모든 것을 품고 키워주시는 것이 어머니 아닙니까? 무등산과 대동세상, 그리고 어머니는 같은 의미로 늘 시대를 함께하는 거지요.

노희용 | 선생님의 글을 읽고 이야기를 듣다보니 무등산에 대한 극진한 사랑이 언제부터 시작됐는지 궁금합니다. 어느 인터뷰 글에서 선생님이 '무등산에 오른 회수가 산의 높이만큼은 될 것' 이라고 답한 것을 접한 기억이 있습니다. 무등산의 높이가 1,187m이니까 천 번 이

상은 오른 셈이 되신가요?(웃음)

박선홍 | 그걸 어떻게 일일이 세겠습니까?(웃음) 그 정도는 올랐을 거라 추측하는 거죠. 어머니가 절에 다녔어요. 석가탄신일이 되면 어머니 따라 증심사도 가고 그랬죠. 저는 수창 초등학교를 다녔는데, 그때는 광주에 수창하고 서석하고 두 개 공립 초등학교밖에 없었고, 사립이 하나 더 있었어요. 초등학교 1학년 때는 주로 선생님들이 광주천으로 소풍을 데리고 가는데, 거기서 풀 이름도 알려주고…, 2학년 정도 되면 대봉산으로 갑니다. 지금은 없어졌지만 아주 예쁜 산이었죠. 3학년쯤 되면 수원지에도 가고, 증심사로 데려가고 그랬어요. 4학년이 되면 약사암…. 이런 식으로 6학년이 되면 무등산 정상을 가요. 그건 아주 사건이었어요. 광주의 초등학생들이 다 그랬을 겁니다. 어렸을 때 나는 언제 커서 무등산 정상에 올라갈까 하면서 형들을 부러워했어요. 올라갔다 온 형들한테 "우리 학교 보이던가?" 물으면 "성냥갑만 하게 보이던디~" 대답하고 그랬지요. 학교림도 있었고요. 서중학교림 이런 식인 거지요. 식목일엔 당연히 가서 나무도 심고 오고, 산과 친해지게 만들었습니다. 광주 사람 모두가 그렇게 자연스럽게 무등산에 스며들었던 거지요.

노희용 | 『무등산』의 지적재산권을 2012년 광주문화재단에 기증하셨잖아요? 참으로 선생님다운 결정인 것 같습니다. 그 결정도 일종의 자기 성찰이 아닐까 생각하는데요, 선생님은 무등산뿐만 아니라 무등

무등산으로부터 해가 떠오르면 광주의 하루가 시작된다. 광주가 빛난다.

산과 관련된 모든 것은 공공의 영역으로 돌려놓고 싶은 게 아닌가, 하는 생각이 듭니다.

박선홍 | 옳게 봤습니다. 『무등산』은 제가 썼지만 사실 저 혼자 쓴 게 아닙니다. 『무등산』은 어쩌면 시대와 역사를 무등산과 함께 살아가는 광주 사람 모두의 무등산 사랑 이야기입니다. 원래 광주 사람 모두의 것이었으니, 원래 주인들에게 돌려주는 게 맞습니다.

산과 고을은 그냥 만들어지는 게 아닌 것 같습니다. 호남정맥은 세 번 솟지요. 정맥의 시작인 장안산과 끝인 백운산 그리고 한복판의 무등산에서 1,000m가 넘게 용솟음을 칩니다. 전체적으로 '뫼 산山' 자를 연상케 하는 호남정맥 흐름의 중심에 솟아 골짜기마다 맑고 깊은 물을 품어 광주의 젖줄 노릇을 하는 곳이 무등산입니다. 그 위치나 산세에서부터 호남의 으뜸 도시를 품기에 부족함이 없는 산입니다. 그런 산을, 그런 산과 관련된 기록을 어떻게 개인이 가질 수 있겠습니까?

노희용 | 사람들이 왜 선생님을 두고 '광주의 살아 있는 역사' 라고 하는지 이제 알 것 같습니다. 무등산을 만인의 것으로 돌려놓기 위한 선생님의 노력이 눈물겨웠다고 알고 있습니다. 특히 1970년대에는 무등산에서 취사안하기 운동을 펼치셨지요. 3개월 만에 변화를 이끌어내 지금도 아주 성공한 민간운동 모델로 평가받고 있고요. 당시 내무부가 선생님이 이끈 운동을 벤치마킹해 전국 국립공원과 도립공원의 취사안하기 운동을 펼쳤을 정도였으니, 파급력이 엄청났던 것 같습니다.

박선홍 | 무등산은 광주 사람들에게 모든 걸 내줬어요. 가난한 시절, 광주 시민들은 무등산에 기대 춥고 배고픈 시기를 버텨냈거든요. 일제강점기 때는 사람들이 무등산의 송진 채집을 위해 강제동원 되었고, 해방 후에는 더 험했어요. 가난한 시절이니까요. 광주 사람들 연료는 다 무등산에서 해결했다고 보면 돼요. 땔나무만 구했나요? 산나물도 다 무등산에서 뜯어서 먹고 살았어요. 받은 게 있으면 되돌려 주는 게 인간의 정리죠.

무등산이 신음하고 있는데 그대로 둘 순 없어서 1955년, 산악회를 조직해 나무 베지 말기운동을 시작했어요. 그때 제가 모자를 쓰고 다녔는데. 사람들이 산감인 줄 알아요. 모자가 보이기만 하면 도망가고 난리였어요. 저항도 만만치 않았고요. 그때는 무등산에서 나무 해다가 그걸 팔아서 생계를 잇는 사람들이 많았거든요. 1970년대 들어 석탄과 석유 연료가 보편화 되면서 무등산의 나무들이 겨우 화를 면했죠. 근데 이번에는 전국의 산이 유흥의 장소로 돌변하는 거예요. 무등산도 예외가 아니었습니다. 고기 구워먹으러 산에 가던 시절이었으니까요. 산마다 연기 피어오르고, 먹고 난 그릇을 계곡에서 씻어대니 산이 못 견뎌 내요. 그래서 취사안하기 운동을 펼쳤던 겁니다. 그런데 광주 사람들 참 대단하고 고마운 사람들이에요. 석 달 정도 하니까 딱 잡혀요. 광주 사람들은 명분이 있으면 바로 호응합니다. 대신 불의를 보면 못 참아요. 세상일이 뭔가 뒤틀려 있고 꼬여 있으면 쫙 펴버리잖아요. 그게 바로 광주의 의향과 예향의 기질입니다.

무등산, 건드리지 말고 이야기를 입혀라

노희용ㅣ 선생님은 늘 '무등산을 그대로 두라' 고 말씀하십니다. 개발논리와 같은 물리적 변형을 경계하라는 의미로 이해하고 있습니다. 다만 물리적 변형을 가하지 않고도 무등산을 활용할 수 있는 방법을 모색해야 할 것 같습니다. 예를 들어 무등산의 주상절리인 입석대에 대한 세계지질공원 인증과 세계자연유산 등재가 추진되고 있잖습니까? 입석대의 경우 9천만 년 동안 화산암이 풍화와 침식을 거쳐 다시 흙으로 돌아가는 윤회의 과정을 담고 있는데 자연학습장으로서 그 활용 가치가 매우 높습니다.

박선홍ㅣ 광주 사람들에겐 무등산은 신앙 같은 산이고, 특별한 의미를 지닌 산입니다. 두고두고 보존하는 게 옳아요. 입석대는 무등산

인구 100만 명이 넘게 사는 도시를 품은 세계에서 유일한 산, 광주 사람들은 늘 무등산에 올라 생을 기댄다.

신앙의 거점입니다. 육당 최남선은 입석대의 어원을 '선돌의 번역'으로 해석했어요. 선돌이 뭡니까? 우리 원시신앙에서 가장 중요한 표상의 하나였죠. 입석대를 선돌로 보고 '하늘이 스스로 만든 영특한 선돌을 그대로 모른 체 했을 리 없다'고 생각합니다. 그래서 옛날부터 입석대에 천제단을 두어 가뭄이 들고, 전염병이 심할 때 마지막으로 이곳에서 제를 올렸어요. 만약 그래도 효험이 없으면 치정관의 덕이 부족해 하늘이 노한 것으로 알고 벼슬에서 물러난 예도 있습니다. 이런 이야기들을 살리면 자연학습장뿐만 아니라 역사 교육의 장으로 활용이 가능해요, 굳이 인위적으로 건드릴 필요가 없는 겁니다.

노희용 | 무등산 옛길이 복원돼 옛날 사람들이 소를 내다 팔기 위해, 어머니들이 장을 보기 위해 다녔던 길들이 되살아났습니다. 무등산 옛길을 걸으면 그 길을 걸으며 웃고 울었던 옛 사람들의 삶의 숨결들이 함께 보입니다.

동구는 무등산 옛길 중 너릿재길을 주목하고 있습니다. 너릿재 옛길은 지금 걸으면 호젓하고, 사람의 감성을 깨우는 아름다움을 간직하고 있습니다. 그러나 너릿재 옛길 곳곳에는 시대의 아픔과 비극의 역사가 촘촘히 박혀 있다고 배웠습니다. 너릿재 옛길에서 일어났던 끝이 없는 그 비극의 반복이 어쩌면 광주의 살아 있는 근현대사가 아닐까 생각합니다.

박선홍 | 광주 사람들이 행실 고약한 사람을 비아냥거릴 때 뭐라고 했는지 아세요? '칼 들고 너릿재나 갈 놈'이라고 했죠. 광복을 전후해 너릿재에 칼 든 도둑이 들끓어 생긴 말입니다. 너릿재는 시대의 아픔을 집대성한 공간이죠. 동학농민운동 때는 일본군이 동학군 포로들을 너릿재에서 무더기로 처형했어요. 너릿재를 일명 '널재'라고도 하는데, 그때 처형된 동학군들의 수많은 널이 너릿재를 지난 데서 연유한 말입니다. 1946년 8·15해방 1주년 기념행사 참석을 위해 너릿재를 넘던 화순탄광 전평노조원들이 장갑차를 앞세운 미군정과 경찰의 기관

총에 수백 명이 죽었어요. 5·18 때도 너릿재에서 계엄군의 총격으로 버스 승객들이 많이 희생됐고요. 너릿재가 품고 있는 역사의 무게를 생각하면 그곳에 근현대사 박물관 같은 시설을 지어도 활용도가 상당히 높을 겁니다.

노희용 | 너릿재 옛길에 1960년대까지 아주 유명한 주막집이 하나 있었다던데, 혹시 선생님, 기억하십니까? 그런 주막을 지금 복원해 보는 것도 좋을 것 같은데요.

박선홍 | 아, 그래요. 너릿재 정상에 일제 때부터 '인순네 주막집' 이라고 있었습니다. 무등산 아흔아홉 골짜기를 숨찬 발걸음으로 싸돌던 장꾼들이나 보성과 장흥, 동복, 화순 등지의 행인들이 으레 쉬어가던 곳이었지요. 주막집 주모의 솜씨가 무척 좋았는데 무엇보다 인순네 돼지불고기가 명물이었지요. 고추장 발라 숯불에다 지글지글 구워내는 고기맛이 참으로 일품이어서 근동에 소문이 자자했습니다. 저도 자주 찾았었는데 너릿재 터널 뚫리고 사라졌습니다. 인순네 주막집 참, 그립습니다.

노희용 | 무등산 옛길의 확장에 대해 고민하다가 얼마 전에 고경명 선생의 『유서석록』을 읽었습니다. 500년 전 광주의 선비가 쓴 '무등산 산행기' 가 제게 큰 감동을 주었습니다. '생각컨대 언제나 우뚝 솟아 움직이지 않고 의연한 것은 산이며 모였다가도 흩어지기 쉬운 것

유연한 곡선으로 휘어드는 무등산 너릿재 길, 저 '휨' 속에 광주의 근현대사가 놓여 있다.

은 인간이다' 는 구절 앞에서는 탄성을 자아내지 않을 수 없었습니다. 유서석록을 보면 고경명 선생은 증심사에서 산행을 시작해 식영정에서 산행을 끝마칩니다. 불현듯 무등산 옛길의 하나로 유서석록 길을 개발해 보면 어떨까 하는 생각이 들었습니다.

박선홍 | 아주 좋은 생각입니다. 사람들이 고경명 선생을 금산전투에서 전사한 의병장으로만 아는데, 무관이 아니라 문관이었고 당대의 문장가였어요. 『유서석록』을 보면 500년 전 무등산의 면모를 세밀하게 알 수 있어요. 보셔서 아시겠지만 고경명 선생이 입석대를 묘사한 문장은 수려함의 극치입니다. '네 모퉁이를 반듯하게 깎고 갈아 층층

무등산 초입에 있는 전통문화관 처마 아래에서….

이 쌓아 올린 품이 마치 석수장이가 먹줄을 튕겨 다듬어서 포개놓은 듯한 모양이다'고 표현하죠. 만약 유서석록 길을 무등산 옛길로 복원하면 과거와 현재가 공존하고, 역사와 문화가 소통하는 그런 길이 될 수 있을 거예요. 참, 기대됩니다.

노희용 | 『유서석록』처럼 이야기만 입히면 그대로 살아 있는 역사 문화 자원이 되는 장소가 무등산에 또 없을까요?

박선홍 | 혹시 '삼밭실'이라고 아십니까?

노희용 | 네, 공군 방공대대가 주둔했던 무등산 정상부로 알고 있습니다. 군사시설로 원형이 훼손돼 1996년엔가, 남광건설이 지형을 원상 복원했다고 들었습니다. 원래 지형에 대한 자료가 없어 복원하는 데 상당히 애를 먹었다고 하던데요.

박선홍 | 그랬지요. 그런데 그 삼밭실이 인삼 재배의 발상지라는 사실은 모를 겁니다. 지명도 인삼을 재배한 데서 유래한 거에요. 인삼 재배의 역사 문헌인 『증보문헌비고』나 『소호당집』을 보면 야생인삼을 인공 재배한 최초의 발상지가 문헌마다 일관되게 화순 동복으로 기록돼 있어요. 삼밭실을 포함한 무등산 남부의 동복 일대가 인삼의 시배지였던 거죠. 홍삼을 처음으로 제조한 곳도 동복현이에요. 훗날 개성 사람이 동복에서 인삼 심는 법을 배워 가서 개성인삼이 유명해졌어

요. 동복에서 생산되는 인삼을 복삼福蔘이라고 했는데, 옛날에 '재탕한 복삼도 다른 인삼보다 낫다' 고 했어요. 삼밭실의 인삼 재배과정을 이야기로 엮어내면 굉장히 의미 있지 않겠어요?

노희용 | 제가 문화관광부와 논의해서 추진해 보겠습니다. 무등산에 숨어 있는 그런 이야기를 찾는 게 정말 중요할 것 같습니다.

박선홍 | 무등산이 품고 있었던 유물들을 떠올릴 때 가장 안타까운 게 증심사의 잃어버린 두 국보입니다. 현재 증심사에는 국보가 하나도 없어요. 그런데 국보로 지정된 2구의 금동불이 있었습니다. 국보 제211호였던 '금동석가여래입상' 과 국보 제212호였던 '금동보살입상' 이죠. 현재 오백전 옆 뜰에 놓여 있는 '오층석탑' 을 1933년에 해체 수리했는데, 그때 2구의 금동불이 발견돼 국보로 지정됐어요. 두 국보는 대웅전에 봉안됐고요.

안타깝게도 두 국보는 한국전쟁 중에 행방불명이 됐습니다. 1948년 여순사건이 터지고 무등산 일대에 빨치산들이 나타나자 두 국보를 보호한다는 명목으로 광주경찰서 금고 속에 넣어 두고 서장이 직접 관리했어요. 그러다 갑자기 한국전쟁이 터졌는데, 서장이 위급한 작전임무를 수행하느라 금고 속의 두 국보를 내버려 두고 떠나버린 거지요. 그 후로 60년 넘게 행방이 묘연합니다. 결국 10년 후 국보 재지정 때 2구의 금동불은 국보 목록에서 삭제됐습니다.

인삼 재배의 발상지였던 삼밭실. 지명도 인삼을 재배한 데서 유래됐다. © 신장용

노희용 | 시대의 아픔이 두 국보를 덮쳐버린 셈이네요. 그런데 세월이 너무 많이 흘러 지금은 증심사에 2구의 국보 금동불이 있었다는 사실조차도 잊혀져버린 것 같습니다. 실제의 금동불이 사라진 자리에 기억 속의 금동불을 옮겨 놓을 필요가 있어 보입니다. 광주 시민들이 잊지 않고 늘 기억하면 두 국보 금불상이 증심사로 되돌아올 날도 있지 않을까 하는 희망을 품어 봅니다.

박선홍 | 증심사 대웅전 중앙 왼편에 유리 상자 속에 모셔져 있던 두 국보 금동불의 모습이 아직도 눈에 선합니다. 언젠가 다시 되돌아올 거라 믿어봅시다.

회방연, 그 아름다운 관계의 미학

노희용 | 무등산은 인간이 도저히 가늠할 수 없는 아득히 먼 시간들을 품고 있습니다. 입석대만 해도 9천만 년 전에 솟아올라 억겁의 풍상을 겪었죠. 무등산에 들면 장엄한 시간이 먼저 느껴집니다. 오랜 시간 동안 수많은 광주 사람들이 무등산을 거점으로 살았고, 또 죽어갔습니다. 광주를 의향이라고 하는데, 무등산과 관계 맺은 광주의 역사인물들이 참 많잖아요? 무등산과 그곳에서 살았던 역사인물들만 제대로 조명해도 의향 광주의 정체성을 찾을 수 있을 것 같다는 생각을 합니다.

박선홍 | 아주 먼 역사를 인용할 것도 없이 춘설헌만 가도 의향의 뿌리를 만날 수 있습니다. 춘설헌과 그 주인들에게서 의향, 예향의 정체성이 찾아지는 겁니다. 춘설헌의 최초 주인이 누구인지 아세요? 최원순입니다. 그의 호를 따서 석아정이라 불렀어요. 동경 유학생인 최원순과 광주 사람들이 주축이 돼 조선청년독립단을 결성하고 2·8독

의재 허백련, 의향·예향으로서 광주의 정체성을 상징적으로 담고 있다.

최원순 때는 석아정, 최흥종 때는 오방정이라 불렸고, 허백련에 이르러 현재의 춘설헌이란 이름을 얻었다.

립선언을 발표했는데, 조금 시간이 지나 석아정이 오방정이 됩니다. 나병환자를 제 몸처럼 돌봤던 최흥종 목사의 거처가 된 것이에요. 최흥종 목사는 광주의 3·1운동을 다 계획했던 분이었습니다. 서울서 붙잡히면서 참여하진 못했지만요. 그러다 집 주인이 의재 허백련 선생으로 바뀌고, 나중에 춘설헌으로 개명해요. 해방 후 김구 선생이 무등산에 올랐는데 오로지 최흥종 목사를 만나기 위해서였죠. '25시'의 작가 게오르규도 무등산에 왔어요. 단지 의재 선생을 보기 위함이었고요. 광주의 모든 어른을 키워낸 곳이 다름 아닌 무등산입니다.

노희용 | 무등산 하면 사람들은 담양 쪽의 사림문화권과 의병장 김덕령 장군을 가장 먼저 떠올리는 것 같습니다. 저는 동구청장이다 보니 자연스럽게 동구의 역사인물에 관심이 갑니다. 김덕령 장군의 충장사는 주목을 받는데, 전상의 장군의 충민사는 관심이 덜한 것 같습니다. 충민사 경내에 있는 전상의 장군의 정려각이 원래는 지금의 지원동 골뫼마을에 있었습니다. 전상의 장군은 1617년 왕의 사절로 일본에 건너가 협상 끝에 임진왜란 때 포로로 끌려간 동포 150명을 다시 조선으로 데려왔어요. 전상의 장군의 행적에서는 백성의 아픈 곳을 어루만지는 목민의 마음이 느껴집니다.

박선홍 | 전상의 장군은 목민의 행정관이었고, 나라를 구한 장수였어요. 문무를 겸비한 거죠. 동구가 나서서 전상의 장군을 알릴 필요가 있다고 봐요. 1627년 후금의 태종이 3만 대군을 이끌고 조선을 침입

합니다. 정묘호란이 일어난 거죠. 그때 전상의 장군은 평안북도 구성의 도호부사였어요. 정묘호란 때 전상의 장군은 안주성에서 평안병마절도사 남이흥, 안주목사 김준과 함께 싸웁니다. 이틀 밤낮의 싸움으로 적군을 모두 격퇴시켜요. 그런데 퇴각했던 적병이 세를 결집해 3일 만에 다시 쳐들어옵니다. 치열하게 싸웠지만 중과부적이었어요. 남이흥과 김준이 전사하자 전상의 장군은 결단을 내립니다. 장졸들에게 '이곳을 피하여 목숨을 도모하라' 고 명한 뒤 홀로 서서 남은 화살을 모두 쏜 뒤 제 칼을 뽑아 스스로 목숨을 끊습니다. 진정한 장수들은 적군과 아군을 구분하지 않고 아름다운 장수에 대한 예의를 지킬 줄 압니다. 의연한 장군의 모습에 탄복한 오랑캐도 '충신열사의 시체를 함부로 다룰 수 없다' 며 안주성 백상루 앞에 묻고 푯말을 세워 두고 갔어요.

노희용 | 무등산이 품고 있는 역사 인물들의 계보를 보면 아쉬운 게 한두 가지가 아닙니다. 가장 알려진 김덕령 장군만 해도 그렇습니다. 의병장 김덕령은 누구나 잘 알지만 형인 김덕홍, 동생인 김덕보 등 삼형제 모두가 의병에 참여했던 역사적 사실은 묻혀 있습니다. 저는 특별히 김덕보의 생애에 애착이 갑니다. 형인 김덕령 장군이 역모의 누명으로 억울하게 죽고, 세상을 등진 김덕보를 생각하면 전라도 말로 짠한 마음이 듭니다. 그가 은거했던 풍암정은 또 어떻습니까? 풍암정은 솟구치는 바위에 노송들 틈에 비밀스럽게 숨어 있죠, 저는 무등산 자락에서 가장 아름다운 정자가 풍암정이 아닐까 생각합니다.

박선홍 | 삼형제 중 맏이인 김덕홍은 금산전투에서 의병장 고경명과 함께 전사합니다. 원래 김덕령은 형과 함께 고경명의 휘하로 들어갔는데, 도중에 형이 김덕령을 집으로 돌려보내요. 동생은 살아남아서 어머니를 모셨으면 하는 마음이었죠. 훗날 의병에 가담한 김덕령은 조선 의병의 총수에 오릅니다. 당시 전쟁은 오랫동안 소강상태였고, 선조는 의병들을 강제 해산시킵니다. 의병들의 칼이 왜적이 아닌 자신을 겨누는 게 두려웠던 선조는 의병의 총수인 김덕령에게 역모의 누명을 씌워 죽입니다.

김덕령이 의금부에 끌려가 엿새 동안 추국을 받을 때 동생인 김덕보는 의금부 앞에서 형이 살아나오기를 간절히 바랍니다. 그러나 엿새 뒤 형은 시체가 된 몸으로 들것에 실려 나옵니다. 김덕보는 수레를 구해 형의 시신을 태우고 10일을 걸어 고향인 광주 석저촌에 도착합니다. 형을 차가운 땅에 묻고 김덕보는 세상을 버리고 은거의 삶을 택합니다. 처음엔 화순 동복에 숨었다가 다시 지리산 자락으로 몸을 숨깁니다. 6년 뒤에야 김덕보는 고향으로 다시 돌아와 풍암정을 짓습니다. 근데 또 놀라운 것이 1627년 정묘호란이 일어나자 김덕보는 의병을 모읍니다.

노희용 | 나라는 김덕령 형제를 버렸지만 삼형제는 끝끝내 나라를 버리지 못했던 거군요. 그런 마음이 광주의 오늘을 있게 만든 뿌리이고, 삼형제가 품은 생각이 궁극적으로 의향 광주의 사상적 거처로 자리 잡지 않았나 생각합니다.

김덕령 삼형제에게는 큰 스승이 한 분 있었습니다. 작은 할아버지이기도 했던 환벽당의 주인 김윤제 선생이지요. 무등산에서 활동한 호남의 역사인물들을 연구할 때 김윤제 선생은 중심축에 놓이는 인물이라는 생각이 듭니다. 그는 송순, 양산보와는 오랜 친구이자 이웃이었고, 김인후와 기대승 역시 김윤제와 막역한 사이였습니다. 또한 임억령과의 교류도 깊었고, 정철은 그의 손으로 키워졌습니다. 김윤제만 알면 무등산이 품고 있는 조선 선비들의 역사가 훤히 보일 것 같습니다.

박선홍 | 맞아요, 무등산에서 뜻을 펼친 시대의 거목들은 모두 김윤제와 관계를 맺고 있습니다. 김윤제의 가문은 명문가였죠. 그가 직접 가르친 김덕령 삼형제뿐만 아니라 당시 호남을 호령했던 선비들과 피로 얽혀 있었어요. 김윤제는 소쇄원의 주인 양산보의 매형이고 식영정을 지은 김성원의 숙부예요. 김성원은 또 임억령의 사위였죠. 처남 양산보와 하서 김인후는 사돈 간이며 양산보와 송순은 이종 간입니다. 제자 정철은 김윤제의 외손녀와 결혼을 했고, 고경명도 그의 조카와 결혼을 했어요.

김윤제가 정철을 제자로 삼은 일화는 신의 계시 같아요. 어느 날 김윤제가 점심을 먹고 낮잠을 자는데, 꿈에 아래 개울에서 청룡 한 마리가 승천하는 거예요. 꿈이 현실처럼 너무 선명해서 김윤제가 하인을 시켜 개울로 나가 보게 합니다. 하인이 웬 소년이 목욕을 하고 있다고 고하자 김윤제가 그 소년을 데려오게 하죠. 김윤제는 소년을 제

무등산을 들여다보는 두 사내의 뒷모습에 무등산이 내려앉아 있다.

자로 삼아 가르치고, 소년은 훗날 정승이 됩니다. 그 소년이 바로 송강 정철입니다.

노희용 | 무등산이 품고 있는 역사의 깊이가 무궁무진하다는 걸 새삼 다시 느낍니다. 몇 해 전에 광주문화재단이 면앙정 송순의 회방연回榜宴을 재현하는 행사를 가졌잖아요. 저는 아주 관심 있게 지켜봤습니다. 회방연, 그러니까 과거 급제 60주년을 기념하는 행사잖아요. 조선

시대에는 평균 연령이 40세를 정도였으니까 기적과 같은 행사인 셈이죠. 회방연은 송순이 90세를 넘게 살았기에 가능했습니다. 송순의 회방연 같은 역사에 이야기를 입히면 정말 사람들이 관심을 끌 수 있어 보입니다. 광주의 살아 있는 역사를 함께 공부하는 자리도 되고요.

박선홍 | 면앙정 왼쪽 마루에 보면 정조 임금의 어제御題가 붙어 있어요. 1798년 정조는 향시인 도과道科를 광주에서 실시합니다. 시제는 정조 임금이 직접 출제한 '하여면앙정荷輿俛仰亭'이었죠. 송순의 회방연 때 그의 제자들이 송순을 가마에 태워 집까지 모셔다 드린 일화에 대한 각자의 생각을 쓰라는 것이었어요. 회방연은 호남을 들썩이게 만든 사건이었습니다. 거나한 잔치가 끝나고 정철이 대나무로 엮은 가마를 매고는 그의 스승인 송순을 위해 '어른을 집으로 모시는 것이 어떠냐?' 고 제안합니다. 제봉 고경명과 백호 임제 등이 송순을 태우고 대나무 가마를 맸어요. 당대 최고의 선비들이 직접 가마꾼을 자청한 겁니다. 이 얼마나 아름다운 행사입니까? 지방자치 시대 아닙니까, 행정이 지역의 품격을 높일 수 있는 이런 역사적 이야기에 많은 관심과 애정을 가져야 합니다.

노희용 | 알고 있지만 실행이 쉽지가 않습니다. 무등산은 권역이 넓고, 무등산에 몸을 잇댄 자치단체만 광주의 동구와 북구, 화순, 담양 등 네 곳이나 됩니다. 이 네 곳의 자치단체가 합동으로 모여서 정례적으로 논의를 하지 않는 이상 통합적인 틀을 만들어내는 것은 불

가능하다고 봅니다. 그렇기에 각 자치단체의 여건에 따라 파편적으로 무등산과 관련된 정책들이 추진되는 수준에 그치고 있습니다.

박선홍 | 동구청장이 주동이 돼서 유쾌한 이벤트를 한 번 만들어 보면 어때요? 지리산 국립공원도 지리산 7개 시·군협의회가 있잖아요. 무등산도 그런 걸 한 번 조직해 보는 거지요. 어디 호텔 같은 곳에서 만나면 딱딱하고 재미없잖아요. 1년에 한 번씩 날을 잡아서 무등산 위에서 만나는 겁니다. 각자 자기 지역의 산길로 무등산에 올라오는 거죠. 담양군수는 담양쪽 길로 올라오고, 화순군수는 화순쪽 길로 올라와서 4명이 어느 중간 지점에서 만나요. 거기서 회의를 하는 거죠. 주민자치 위원들하고 함께 움직이면 더 좋고요. 장불재 터가 제일 넓잖아요. 거기에서 만나면 되겠네요. 만약 이게 진짜 실행되면 굉장한 뉴스거리고, 협치의 효과도 높지 않겠어요?

노희용 | 정말 좋은 생각이라고 생각합니다. 울림이 있는 선생님 말씀 실행에 옮기도록 하겠습니다.

오래된 마을 무등산에 길을 물어라

강정채 전 전남대학교 총장님과의 대담은 무등산을 힘께 오르내리며 진행됐다. 말을 주고 또 받는 동안 강정채 선생 안에 있는 무등산이 내게로 건너왔고, 내 안에 있는 무등산이 선생에게로 건너갔다.

노희용 | 무등無等, 직역하면 '등급이 없는 산' 입니다. 무등산은 산 이름부터가 매우 철학적이고, 만인 평등의 사유를 담고 있습니다. 산세도 모두를 품을 만큼 너그럽고, 그래서인지 광주 사람들은 무등산에서 어머니의 품을 느끼는 것 같습니다. 무등산에 들면 아늑한 느낌도 받는 것 같고요. 무등산과 평생 각별한 관계를 맺고 살아오셨는데 선생님께 무등산은 어떤 의미였는지 궁금합니다.

무등無等, 모든 사람이 평등한 산

강정채 | 가끔 무등산은 살아 있는 생명이 아닐까 생각해 보곤 합니다. 무등은 키가 커서 모든 집의 담장을 넘어 집 안을 속속들이, 빤히 들여다보고 저마다의 사정을 알고 있을 겁니다. 그래서 광주 사람들은 모두 고통스러워도, 즐거워도 무등과 함께했습니다. 그 산을 보

며 울기도 하고 하소연도 하고, 또 어떤 때는 부둥켜안고 함께 잠이 들기도 하지요. 무등산은 어머니와 같은 위로의 산이에요.

평생 무등을 보고 살았어요. 옛날에는 습관처럼 무등산을 봤죠, 그때는 광주 시내 어느 곳에서도 선 자리에서 고개만 들면 무등산이 오롯이 보였습니다. 늘상 잣고개, 장원봉, 밤실 계곡, 각화동 뒷산, 군왕봉을 서성거리기도 했고요. 학창시절 토요일이나 일요일이면 운동화에 교복 차림으로 무등산을 돌아다니는 게 일이었지요. 당시에는 교복 말고는 입을 수 있는 옷이 없었습니다. 해가 긴 계절에는 아침에 일찍 일어나서 한두 시간 정도 무등산 자락인 밤실이나 장원봉을 단어장 들고 돌아다니다가 집에 와서 아침을 먹고 학교에 가곤 했어요. 무등산이 나를 키운 셈이지요.

노희용 | 무등산은 그 산을 아는 모두가 나눠 쓰는 공공재입니다. 그런 의미에서 한때 선생님이 이사장으로 계셨던 무등산공유화재단의 활동은 의미가 특별합니다. 광주의 상징이자 광주 사람들의 안식처인 무등산을 난개발로부터 보호하고, 역사 유물들을 보존하기 위해 고생하셨는데, 무등산공유화운동은 우리나라 최초의 내셔널 트러스트(National Trust) 운동인 거지요?

강정채 | 무등산의 주인은 만인입니다. 여기서 만인은 현재성만을 지시하는 언어가 아닙니다. 먼 훗날 무등산에 오를 미래 세대들도 포함되죠. 무등산공유화운동은 무등산이 가진 공공성을 지킨 것에 의미

가 있어요. 무등산을 모두의 것으로 공유해 무분별한 개발을 막자는 취지였으니까요. 무등산을 지키기 위해 시민 모두가 발 벗고 나섰어요. 어찌 보면 영국에서 시작한 내셔널 트러스트 운동보다 더 절실하고, 더 순수한 운동이라 할 수 있을 겁니다.

노희용 | 공공성이란 말씀이 무거운 책무처럼 느껴집니다. 2001년에 미국의 뉴욕 타임즈 신문이 새로운 천년을 앞두고 지난 천년의 최고들을 특별기획물로 선정했는데, 최고의 고집쟁이 부문에서 영국의 옥타비아 힐이 선정됐습니다. 아시다시피 옥타비아 힐은 그린벨트를 최초로 주장한 사람이자 자연과 문화유산보전운동의 세계적 전범인 내셔널 트러스트 운동을 고안한 사람이에요. 도시빈민 주거운동의 선구자이기도 하고요. 뉴욕 타임즈가 모두의 예상을 뒤집고 옥타비아 힐을 선정한 것도 자연과 문화유산이 갖는 공공성에 큰 의미를 뒀기 때문이 아닐까 생각합니다.

강정채 | 무등산의 땅 일부를 어떤 개인이 사유지로 소유하고 있다고 해도 그 땅은 의미적으로 한 개인의 소유가 될 수 없습니다. 무등산은 오르내리고 바라보는 모두의 것입니다. 광주가 정말 대단한 도시란 건 무등산공유화운동의 성과를 보면 알 수 있어요. 광주 사람들은 항상 시대 앞에 반성할 줄 알고, 변혁의 중심에 섰습니다. 공적 영역을 지키는 일이 광주의 사명이었던 것이죠. 우리나라 최초의 내셔널 트러스트 운동인 무등산공유화운동이 괜히 광주에서 일어난 게 아닐 겁니다.

장불재에서의 대화는 무등산의 공공성 확보로 귀결됐다.

노희용 | 예, 선생님 어느 정도 성과가 있었습니까?

강정채 | 2000년 학동에 사는 김복호 선생이 무등산 새인봉 자락 땅 1,408㎡를 기증한 게 시작이었어요. 2003년에는 의재미술관 허달재 이사장이 운림동 산 102번지 전체를 기증했고요. 광일목장을 경영하는 진재량 선생은 원효계곡 임야 31,835㎡를, 대성학원 최기영 이사장이 화암계곡 땅 19,835㎡을 기증했습니다. 심지어 한 병원 원장

은 자기 소유도 아닌 용연동 지역의 땅 15,273㎡를 일부러 매입해 기증하기도 했습니다. 지금껏 기증받은 무등산 땅이 78,929㎡이고, 모금을 통해 구입한 땅이 453,358㎡나 됩니다. 공유화 토지가 532,287㎡에 이르는 겁니다. 정말 놀라운 성과지요.

노희용 | 무등산의 공공성을 확보하기 위한 오랜 노력과 기대를 넘어선 성과에도 불구하고, 무등산은 여전히 공유지보다 사유지가 훨씬 많습니다. 무등산 전체 임야의 68%가 사유지로 남아 있는데요, 무엇보다 중요한 게 무등산이 자산을 공동체가 소유할 수 있도록 유도해 주는 정책을 만드는 것이 중요할 것 같습니다. 제 생각엔 개인이 가진 땅도 언젠가는 팔기 마련이잖아요. 만약 그 개인이 무등산의 땅을 공동체인 무등산공유화재단에 팔면 상속세를 면제하거나 대폭 깎아주는 정책도 필요해 보입니다.

강정채 | 그렇지요, 현실적으로도 요구되는 일이라고 생각합니다. 생태 자원들 가운데 당연히 공유의 장에 놓여 있어야 할 것들이 사유화 되어 있는 것은 바로 잡아야 합니다. 세상 모두의 의무죠. 도로, 물, 바람, 바다와 산과 숲의 일부와 같은, 모든 사람들이 같이 즐기는 것이 더 바람직한 자연과 문화유산은 사유재산으로서의 가치보다는 공유의 마당에 있어야 더 빛이 납니다. 그러한 것들을 찾아서 공유하자는 사회적 합의가 이루어지고, 제도적으로 그것을 보장받는 길이 열렸으면 합니다. 현재로선 이미 사유화 된 것들을 개인의 동의를 얻

어서 기증받거나 공공관리로 돌리고 또 지방자치단체나 시민들의 뜻을 모아서 매입하는 것도 한 방법이죠. 개인들이 소유하고 있는 땅 대부분이 실은 현실적인 경제적 가치가 크지 않아요. 오히려 실익은 없이 세금만 내고 있는 경우도 많지요. 자본주의적인 재산의 점유에 대한 막연한 기대감 외에는 실익이 없는 것이죠.

노희용 | 공공재로서의 무등산을 생각할 때 무등산 정상을 시민의 것으로 되찾아 오는 것도 중요할 것 같습니다. 돌아보면 군부대에 막힌 무등산 정상을 되찾기 위한 광주의 노력은 참 지난했습니다. 장불재를 포함한 서석대, 입석대, 규봉암 등 무등산 정상권은 1966년 7월 1일부터 민간인 출입이 통제됐습니다. 공공의 영역을 국가가 강제로 빼앗은 건데요, 1985년 장불재에서 규봉으로 이어지는 등산로가 일부 개방됐고, 1990년에야 무등산의 가장 빼어난 절경인 서석대와 입석대가 개방됐습니다. 하지만 참 안타깝게도 여전히 천황봉 등 무등산 정상 일부 구간은 굳게 닫혀 있습니다. 같은 맥락에서 통신탑 이전도 국립공원 무등산 시대에 반드시 풀어야 할 숙제처럼 보입니다.

강정채 | 아파요. 광주 시민의 산인 무등산을 국가가 강제로 점령하고 있어요. 국가의 방위나 원활한 통신을 위해 꼭 무등산 정상이 필요한 것인가에 대한 합리적 논의가 필요하고요. 광주의 정체성이 뭡니까, 잘못된 시대에 돌을 던져 늘 역사의 파문을 만들었던 도시가 광주 아닙니까? 사회적으로 따져보고 이게 아니다 싶으면 시민적 힘의

군부대에 막힌 무등산 정상이 개방되는 날은 언제나 수많은 등산객들이 몰린다. 언제쯤 무등산 정상을 시민의 것으로 되찾아 올 수 있을까?

결집을 통해 해결해야죠.

우리들의 일반적인 정서에는 정상을 차지한 사람이 전체의 주인이 된다는 기묘한 통념이 자리 잡고 있습니다. 그런데 무등산의 정상과 가장 좋은 경관을 파괴하고 있는 것들이 군사시설이거나 철 구조물이라고 생각하면 총과 철로 상징되는 폭력이 우리 정서의 고향인 무등산을 점하고 있는 거죠. 항상 저항의 복판에 섰던 광주 사람들의 정서적 유전자와 정면으로 배치되는 상황인 거지요.

방치의 미학, 무등산을 영원히 보존하는 것이다

노희용 | 무등산 국립공원 시대가 열린 지 이제 꼭 1년입니다. 무등산은 광주의 가장 대표적인 상징이 되었습니다. 무등산의 지속가능한 보존과 체계화된 프로세스가 국가 차원에서 작동된다는 측면에서 그렇고, 무등산을 찾는 등반객의 숫자 측면에서도 그렇습니다. 인구 1,000만 명이 넘게 사는 서울의 북한산보다 인구 150만 명이 사는 무등산 등반객이 더 많아지고 있습니다. 국립공원으로 지정된 뒤 1년에 1,000만 명이 무등산을 찾고 있습니다. 북한산은 850만 명 정도구요.

그런데 문제가 있습니다. 국립공원 지정에 따른 각종 사업이 무등산에 추진되면서 난개발 우려가 높아지고 있는 것입니다. 당장 '탐방객 유치에 혈안이 돼 생태 보존을 등한시 한다' 는 비판도 제기되고 있습니다. 무등산을 지키기 위한 사회적 합의와 인문학적인 원칙들이 마련돼야 할 시점입니다.

강정채 | 국립공원 지정의 가장 큰 당위는 자연의 무분별한 훼손을 방지하는 것이에요. 지키자고 국립공원 지정해 놓고 오히려 파괴하면 역사를 거꾸로 돌리는 겁니다. 무등산은 광주의 자존심 같은 곳이에요. 무등산은 지리산이나 설악산과 의미 기호 자체가 다릅니다. 지리산과 설악산이 자연의 거대함을 맨몸으로 맞닥뜨리는 산이라면 무등산은 큰 인구를 가까이에서 품고 있는 도심 속 자연이라는 것입니다.

무등산에는 더 많은 방문객을 맞기 위한 시설이 필요 없어요. 무등산 산행은 어디에서 시작해서 어디로 가든 모든 길이 하루 안에 끝납니다. 무등산 안에 별도의 손님맞이 시설은 필요하지 않아요. 무등은 비교적 작은 산이면서 광주, 화순, 담양의 사람들에게 물과 바람과 경관을 제공하는 산입니다. 광주를 인문학적으로 성찰할 때 경양호와 태봉산의 과오를 의식적으로 떠올릴 필요가 있습니다. 어리석게도 광주는 태봉산을 헐어 거대한 인공호수였던 경양호를 메웠어요. 만약 경양호가 지금껏 남아 있다면 광주의 또 다른 상징이 됐을 겁니다. 자연을 헐어 일시적인 편의나 이익을 얻는 것처럼 무모한 짓은 없습니다. 시간이 증명하잖아요. 무등산은 그냥 내버려 두는 게 가장 적극적인 개발입니다. 방치의 미학을 알아야 할 때입니다.

노희용 | 핵심은 방법론인 것 같습니다. 무엇이 아닌 어떻게 하느냐의 문제인 거죠. 경주 남산을 제외하면 무등산처럼 역사문화자원을 많이 품고 있는 산을 찾아보기 힘들 것 같습니다. 국립공원 무등산의 다양한 자원들을 해하지 않고도, 문화적 명소로 개발하는 방법이 있을 것 같은데요, 예컨대 무등산의 가치에 이야기를 입혀 탐방객들의 지적 호기심을 건드려 주는 것도 좋을 것 같습니다.

강정채 | 그런 시도들이 필요하죠. 무등산을 오르기 위해 사람들이 가장 많이 모이는 곳이 어디입니까? 증심사 지구예요. 거기에 무등산 생태박물관을 만드는 것은 어떻습니까? 무등산과 관계 맺고 있는 모든 자원을 한곳에서 만날 수 있게 해주는 거죠. 거기서 무등산을 공부

장불재의 가을은 늘 억새가 장관이다.

할 수 있게 해주는 겁니다. 그러면 아이들이 좋아할 거고, 가족 단위 탐방객도 많아질 거예요. 생태박물관을 보고 거기서부터 탐방을 시작하는 겁니다. 미리 무등산을 알고, 산의 실체와 대면하는 거죠. 탐방객들이 무등산과 사랑에 빠지게 만드는 그런 장치들이 필요합니다.

무등산을 찾는 이유와 동기를 다채롭게 해줘야 해요. 굳이 무등산 안에서만 방법을 모색할 필요도 없는 것 같습니다. 무등산은 낮에 오르고, 밤엔 무등산 바로 곁에 있는 동구지역에서 묵어갈 수 있도록 콘텐츠를 심어줘야 합니다. 빈집들을 활용해 사람들의 기억에 각인될 만한 독특한 숙박시설을 만들어 보세요. 특히 남도의 먹거리나 교류의 마당, 상시 공연물, 전시 공간들을 만들어 사람들을 모이게 해야 합니다. 그런 의미에서 무등산을 대표할 만한 특산품의 개발도 시급하지요.

노희용 | 저는 무등산 춘설차를 주목하고 있습니다. 무등산 차밭은 우리나라 최초의 기업형 다원이었고, 해방 후에는 의재 허백련 선생이 맡아 삼애다원을 열었습니다. 중국 나대경이 지은 다시茶詩에서 따와 춘설차라는 이름을 지은 것도 의재 선생입니다. 춘설차 한 잔을 마시면 한국 차의 살아 있는 역사를 함께 마시게 되는 거죠. 차맛도 아주 좋습니다. 무등산 차는 구례의 지리산, 장흥의 보림사, 보성의 대원사, 나주의 불회사, 화순의 쌍봉사 차와 함께 향기와 맛이 좋기로 명성이 자자했습니다. 특히 4월 하순 곡우에서 5월 초, 입하 무렵에 첫 순을 따서 만든 춘설차는 맛이 깊고 다향이 풍부합니다.

강정채 | 춘설차는 좋은 상품이 될 수 있을 것 같습니다. 그것을 처음 즐긴 사람의 인품도 이야기가 되고요. 하나를 더 추천하자면 지산동 딸기밭을 복원해 보면 어떨까 싶습니다. 지산동 딸기도 한때 무등산의 명물이었어요. 지산동이 서울까지 출하되는 무등산 딸기의 주산지였잖아요. 초여름이면 아낙들이 딸기밭을 찾아 화전놀이를 즐기기도 했고요. 지산동 딸기밭을 복원해 옛 이야기를 입히면 충분히 문화상품으로도 자생력이 있지 않을까요?

자연과 공존하려는 마음이 진보다

노희용 | 무등산의 동식물과 사람이 공생할 수 있는 길을 찾는 것도 시급해 보입니다. 무등산은 생물자원의 살아 있는 박물관입니다. 2013년 4월 간행된 광주시 조사보고서에 따르면 무등산에는 12품종 552종류의 식물이 서식하고 있습니다. 이 가운데는 산림청 지정 희귀식물 217종, 희귀 보존식물 후보종 41종, 환경부 지정 멸종위기 Ⅰ·Ⅱ급 64종이 포함돼 있습니다. 동물자원도 다양하고요. 환경부 지정 멸종위기 Ⅰ급이자 천연기념물 제330호인 수달을 비롯해 Ⅱ급 삵, 담비, 천연기념물 제328호인 하늘다람쥐 등 총 4종의 멸종위기 포유류가 서식하고 있다고 알고 있습니다. 동식물의 가장 위협적인 적은 늘 사람이지요. 한 해 1,000만 명이 찾는 국립공원 무등산의 현실을 감안하면 인간과 동식물의 공생이 쉬워 보이지만은 않습니다.

과거 서울로까지 팔려나갈 만큼 전국적으로 명성이 높았던 지산동 딸기밭, 1960년대 지산동 딸기밭 주변에서 볼 수 있었던 화전놀이 풍경. © 박선홍

강정채 | 무등산의 매력은 도시와 가깝다는 것입니다. 무등산 전역을 사람이 못 가게 할 수는 없겠지요. 하여 동물과 식물들을 사람의 폭력으로부터 지킬 수 있는 방법도 함께 고민해 봐야 합니다. 가끔 이런 상상을 합니다. 도시 가까운 곳에 훼손되지 않는 야생이 있다면 얼마나 좋을까? 아마 세계가 주목할 겁니다. 세계적으로 저명한 학자들이 반드시 거쳐 가는 생태탐방도시에 광주가 포함되는 거죠. 생각만으로도 기분이 좋아지잖아요?

지리산 노고단의 경험을 반추해 볼 필요가 있습니다. 군부대 주둔과 하염없이 밀려드는 사람의 발길로 한때 노고단은 폐허가 됐어요. 군락을 이루었던 원추리는 시름시름 앓았고, 약재로 사용됐던 곰취나

무등산의 품에서 광주가 규정되고, 광주 사람들의 행동을 통해 무등산 역시 규정된다.

이질풀은 멸종 직전이었습니다. 해서 1991년 자연휴식년제라는 특단의 조치가 내려집니다. 무려 10년 동안 지리산 10경 중 하나인 노고단이 닫혔죠. 10년이 지나고 사람들은 노고단에 다시 올라 장관의 풍경을 만났습니다. 상처 입었던 노고단이 완벽하게 되살아나 있었던 거에요. 그 기적을 보고 모두들 자연에 대한 경외를 느꼈습니다. 무등산도 일정한 구역을 정해 사람의 접근을 통제하고, 생물권보전지역이라 지칭하는 생물을 보존하는 구역을 만들어야 합니다. 학술적인 관찰과

연구만 허용하고, 일정기간이 지나면 생태계 보전에 지장이 없을 정도의 제한된 탐방만 허용하는 거죠. 무등산공유화재단의 공유지 가운데 제2수원지 일대에 5만여 평이 있습니다. 이곳을 전이지역으로 지정 운용하면 세계적인 논문들이 나올 수 있을 겁니다. 지역사회의 뜻있는 학자들과 함께 고민해 보는 것도 좋을 것 같습니다.

노희용 | 총장님 말씀대로 추진하겠습니다. 유네스코는 생태적인

가치가 뛰어난 지역에 대해 생물권보전지역으로 지정해 관리하도록 지원하고 있는데, 생물다양성 보전과 주민의 지속가능한 이용을 조화시키기 위한 제도로 알고 있습니다. 보호할 관리영역에 따라 핵심지역, 완충지대, 전이지역으로 나눠 관리하더라고요. 무등산도 국립공원의 위상과 가치에 맞게 무등산의 자원과 가치를 체계적으로 관리하기 위해 생물권보전지역 지정을 추진할 필요가 있어 보입니다. 우리나라에서는 설악산국립공원, 제주도, 전남 신안 다도해, 광릉 숲, 고창 전 지역이 유네스코 생물권보전지역으로 지정돼 있습니다. 북한에도 백두산, 구월산, 묘향산이 등재돼 있고요.

강정채 | 무등산 주상절리에 대한 세계 지질공원 인증과 세계자연유산 등재가 동시에 추진되고 있습니다. 더불어 생물권 보전지역으로까지 지정된다면 무등산의 생태자원을 소중하게 지키는 틀이 완성될 겁니다. 지금은 우리만 지키는 보전에서 세계 모든 사람들이 지키는 장소로 변한다는 의미가 생성되는 거지요.

노희용 | 말이 등반객 1,000만 명이지, 엄청난 숫자입니다. 그 많은 사람들이 곱게만 무등산을 다녀가는 건 아닙니다. 그 사람들이 쓰레기 하나씩만 버려도 무등산엔 쓰레기 1,000만 개가 쌓여 버립니다. 쓰레기 대책도 필요해 보입니다. 무등산국립공원관리공단이 산행 후 쓰레기를 되가져 오는 등산객에게 포인트를 적립해 주는 제도를 운영하고 있는데, 효과가 크지 않아 보입니다. 무등산엔 포인트 활용의 대

표적 장소인 야영장이 없고, 주차장도 광주시 소유여서 혜택을 받을 수 없죠.

강정채｜ 자발적 참여가 필요한 일에 대가를 제공하는 것은 바람직하지 않고, 실효성도 낮아요. 대가성이 있는 일은 처음에 잠깐 실효가 있지만 효과를 정착시키지는 못하는 거지요. 교육학자들도 대가성의 지속성에 대해 부정적입니다. 아끼는 마음이 중요하죠, 무등산 보호 활동도 그렇게 시작해 전국으로 퍼져 나갔지 않습니까. '사람은 자연의 작용 안에서 생존하는 생명들이다. 그 자연과 공존하려는 마음이 진보다', 이런 자긍이 무엇보다 우선시 되어야 할 가치지요.

노희용｜ 무등산 국립공원 시대에 따른 주차 문제도 짚어봐야 합니다. 휴일이면 등산로 입구에 주차된 차들로 인해 민원이 끊이지 않는데, 성촌마을 주민들의 경우 주차된 차량들로 고통이 심합니다. 마을 입구를 다 막아버리니까요. 오죽하면 국립공원이 싫다는 말이 나올까 싶습니다. 전부 견인할 수도 없고 참 난젭니다.

강정채｜ 간혹 인간이 만든 문명이 인간의 뒤통수를 때리지 않습니까? 주차문제도 그중 하나인 셈입니다. 주차문제는 주차장을 만들거나 늘리는 걸로 해결이 안돼요. 결국 광주시의 대중교통 체계의 문제에요. 무등산은 비행기와 기차, 버스로 곧바로 올 수 있는 대도시에 있습니다. 시민들은 집에서, 방문객들은 공항이나 버스터미널에서 대중교통을 이용해 무등산으로 접근하는 것이 편해야 합니다. 만약 광주 시민들부터 산속으로 차를 가져오지 않는다면 방문객들도 차를 가지고 오지 않을 겁니다. 실천은 말보다 빠릅니다.

무등산은 동구의 미래다

노희용 | 구청장이 되고부터 당태종의 말을 자주 떠올립니다. '나는 내심 교만과 자만에 빠질까 두려워한다. 그래서 항상 나 자신을 통제하며, 태양이 서산으로 질 때까지 바쁘게 일하고서야 식사를 하며, 어떤 때는 밤을 지새우며 앉아서 아침을 맞는다'는 말입니다. 근데 저는 교만과 자만에 빠질 새가 없어요.(웃음) 너무 바쁘고 즐겁습니다. 한편으론 저 옛날 번화했던 동구를 생각하면 잠도 안 옵니다. 선생님도 동구에 오랫동안 살고 계셔서 동구에 대한 애착이 남다를 텐데요, 제 고민을 함께 나눠 주셨으면 감사하겠습니다.

강정채 | 옛날에는 동구가 광주의 거의 전부였죠. 실제로 제가 고등학교에 입학해 광주로 이사한 1962년에는 동구가 광주의 전부인 줄 알았어요. 학교와 직장, 문화시설이 거의 동구에만 있었거든요. 지금처럼 광주가

함께 무등산을 걸으며 함께 무등산에 스몄다.

해가 서산으로 지고 있었다. 우리들의 그림자가 입석대와 서석대 쪽으로 뻗었다.

5개의 구로 나뉘지도 않았고, 인구도 겨우 25만 명 정도나 됐을 겁니다. 상권은 충장로에 전부 몰려 있었고, 시내버스도 현재의 무등경기장인 공설운동장에서 학동삼거리까지 가는 버스 하나뿐이었고요. 한참 뒤에 서방면에서 양림동 오거리까지 가는 2번 버스가 생겼습니다. 송정리에서 전남대학교 입구까지 다니는 천일버스가 있었고요. 책방, 극장, 다방, 관공서, 은행과 음식점 등 사람들이 모이는 상점들은 죄다 동구에 있었어요.

동구의 옛 명성을 되살리는 건 쉬운 일이 아닐 겁니다. 저는 먼저 이야기가 중요하다고 생각해요. 예를 들면 강진에는 다산초당과 고려청자가 있어요. 무등산에는 분청사기와 허백련이 있지요. 무등산과 연계된 동구에도 이야기를 담아야 합니다. 동구는 광주의 옛 도심입니다. 그런데 그 옛이 사라지고 있어요. 아직 사라지지 않은 것들을 찾아야 합니다. 그리고 미래의 옛이 될 것들을 지금 만들어 가야 합니다. 일본의 교토 지역에 가면 철도역이 없어진 자리에 철도 역사박물관을 만들어놨어요. 남광주역 주변은 철도와 서민의 삶의 풍경, 푸른 길의 중심이 되는 곳이니 이야기를 입혀 볼만한 가치가 있죠. 곽재구 시인이 쓴 시 「사평역에서」의 실제 무대도 남광주역이었다고 하잖아요.

가장 사랑받는 명소는 서민들 스스로가 사랑하는 곳이어야 합니다. 그런 곳은 타지에서 오는 사람들도 좋아하게 됩니다. 여행하면서 꼭 찾게 되는 유명한 곳은 그 동네 사람들이 사랑하는 곳이 대부분이잖아요. 오랜 세월 철도와 부대끼며 살았던 사람들은 철도가 없어져서 생활은 편해졌지만 마음은 허전할 겁니다. 폐선부지를 그들이 스스로 사랑하는 공간으로 꾸미는 일도 중요합니다. 불편하고 불행이었던 공간이 어떻게 변하면 좋겠는가를 묻고, 그들이 스스로 계획하고 꾸미게 하고, 그들이 바라는 도움을 주면 어떨까요? 어떤 형태이든 그들이 선택하게 만들어줘야 합니다. 한 번 참여해 본 사람들은 또 다른 일을 만드는 힘도 갖게 됩니다. 그것이 교육이고, 참여가 가장 좋은 교육입니다. 고무줄놀이 하다가 지치면 말타기놀이를 하자는 아이들이 금방 생깁니다.

동구의 미래, 무등을 닮은 사람을 키워내는 것

노희용 | 국립공원 무등산에 동구의 미래가 담겨 있는 것 같습니다. 그릇도 완전하고, 그릇에 채울 내용물도 완전한데, 실제로 그릇에 내용물을 채워 넣어야 할 사람이 없습니다. 사람에 대한 갈증 때문인지 박노해 시인의 「사람만이 희망이다」란 시가 자꾸 떠오릅니다. 〈참 좋은 사람은 그 자신이 이미 좋은 세상이다// 사람 속에 들어 있다/ 사람에서 시작된다/ 다시 사람만이 희망이다〉라는 구절을 떠올리면 여기, 명치끝이 아려옵니다. 동구에 사람이 많지 않습니다. 젊은 사람은 더 없고요, 정말 사람만이 희망인 것 같습니다. 동구를 다시 일으켜 세울 사람을 많이 키워놓는 게 제 욕심입니다.

강정채 | 그렇죠, 역시 사람입니다. 무등을 닮은 사람을 키우는 것이 가장 중요하고, 좋은 일입니다. 모두의 삶을 값지게 할 겸손하고

당당한 사람을 말입니다. 죄다 '어떻게 하면 부자 될까?' 만 고민하면 재미없어요. 더불어 함께 즐거워야죠. 꼭 동구가 아니더라도 우리 사회는 항상 사람을 필요로 했습니다. 학자, 예술가, 경제, 경영, 정치, 외교 등 모든 방면에 인재가 필요해요. 이제 서울 가도 별 볼 일 없어요. 지역이 지역 사람을 키워야죠. 지방자치 시대에는 지방 외교도 필요하고, 교육도 우리 방식대로 해야 합니다.

노희용 | 사람에게는 흥이 혁명인 것 같습니다. 흥이 나야 판도 깝니다. 무등산의 역사성과 장소성을 선명하게 투영해 흥으로 전환시킨 것이 충장축제입니다. 처음의 판은 관이 깔았지만 충장축제는 지역사회와 주민들의 자발적 참여를 동력으로 삼고 있습니다. 이제 곧 국립아시아문화전당시대가 열립니다. 충장축제도 방향과 내용 측면에서 새로운 진화가 필요해 보입니다.

강정채 | 진화하려면 생각을 모아야지요. 축제는 지역의 마음을 모으는 일입니다. 지역민들이 모여 앉아서 무엇을 기리고, 무엇을 반성하고, 무엇을 할 것인가를 계획하게 만들어 주세요. 그게 진정한 자치고, 효과도 나올 겁니다. 사실 우리가 민주주의의 맛을 제대로 본 것은 그리 오래지도 않고 또 제대로 용납된 적도 별로 없습니다. 지금도 '그만하면 옛날보다는 좋은 세상이니 참아라' 고 말하는 사람들이 많아요. 백 놈이 백 가지 말을 거리낌 없이 하는 일이 보편화 되어야 합니다. 그러려면 시작하고 일단 기다리는 끈기가 필요해요. 우리는 어

장불재에서 바라본 광주는 엷은 안개에 가려 흐렸다. 무등산에서 우리들의 대화는 가려진 도시로 뻗었다.

떤 지도자의 자비를 기다리는 경우가 많아요. 일군만민一君萬民의 전체주의적 사고가 우리 사회의 가장 큰 적입니다. 아직 일각에서는 박정희나 이승만을 지도자로 언급하는 모양인데 그건 자기비하입니다. 이젠 다 알아요. 혼자 답을 낸 뒤 '나를 따르라' 고 하는 사람이 아니라 '우리 무엇을 할까?' 묻는 사람이 진짜 지도자예요. 따라가면 어디 흥이 납디까? 같이 가야 흥이 나죠.

노희용 | 늘 무등산에게 가야 할 길을 묻습니다. 답이 있기 이전에 존재하는 것은 질문입니다. 질문 속에서만 답변이 완성되지요. 홍세화 선생은 '진보를 말하는 것과 진보를 사는 것은 다르다' 고 말했습니다. 이걸 현재 제 고민으로 바꿔 보면 '자치를 말하는 것과 자치를 사는 것은 다르다' 가 될 것 같고요. 무등산의 인문학적 의미와 결부시켜 자치의 길 하나를 일러주셨으면 합니다.

강정채 | 무등산은 광주 사람들의 '사상의 거처' 이기도 합니다. 앞서 말씀드렸지만 이제 광주는 사람을 키우고, 사람을 찾고, 사람들과 함께해야 합니다. 자치는 '우리 무엇을 할까' 를 다함께 묻는 일이잖아요. 우리는 지금껏 광주보다 서울을 올려다보고 산 날들이 많았습니다. 이제는 광주 전체를 보면서 마을을 재해석해야 할 때라고 생각합니다.

조선 후기 실학이라는 학문을 꽃피운 장흥 방촌의 위백규 선생은 내가 사는 마을에 천하가 다 들어 있다는 걸 몸소 보여준 분입니다. 자치는 사람을 존중하고 사람을 최우선의 가치로 삼는 것에서 출발해야지요. 그러나 좋은 사람들은 은둔해 있고 전면에 중심에 서지 않으려 합니다.

권력은 속성상 분점이 어렵습니다만 좋은 사람들을 과정에 참여시켜 권력의 그러한 한계를 극복해야 합니다. 사람은 많습니다. 그런데 다들 찾아보시도 않고 사람이 없다고만 합디다. 대부분 혼자서 하다가 안 되면 남의 탓으로 돌려요. 안타깝지만 그게 우리 정치문화의 현실입니다. 좋은 사람들과 함께하는 정치의 새로운 문화현상을 한번 만들어 보세요.

초려草廬는 사람은 데려다 써먹는 정치적 도구가 아니라, 그들의 말을 듣고, 그들과 함께 공동체를 위해 헌신하는 삶의 과정으로서의 파트너를 찾는 일입니다. 인생 최고의 파트너는 상보적인 사람 아니겠어요?

돌아보니 나도 관계가 내 인생을 규정했다는 걸 확인하는 중입니다. 단체장의 역할이 즐겁기도 하겠지만 그만큼의 어려움도 있을 거예요. 사람의 문제에 부딪칠 때 그것을 잘 넘어가야 합니다.

다산 정약용 선생과 제자 황상의 관계를 보면 정치든 인생이든 관계라는 게 얼마나 중요한지 알 수 있습니다. 다산의 강진 유배 시절의 제자가 황상인데 그는 좋은 스승을 만나 인생을 감동적으로 살았습니다. 어린 소년이 스승이 내린 짧은 글 한 편에 고무되어 삶이 송두리째 바뀌었어요.

단체장은 권력의 정점에서 고도의 통치행위를 하는 사람이 아니라 인간 삶의 기본 같은 것들을 일상 안에 들여놓는 사람, 주민들과 시민사회와 행정조직의 관계를 아름답게 엮어가는 목민의 코디네이터지요.

공간, 스스로 사유하고 스스로 말한다
_장희천

도시재생, 마을을 되살려내는 것이다
오래된 낡은 공간에서 희망을 기록하다
차 없는 금남로, 억눌린 심리적 기저 단숨에 초월케 하라

마을공화국이 꿈꾸는 세상 _유창복

천인(天人)의 마을은 어디에 있을까? _니시오 준

공간,
스스로 사유하고 스스로 말한다

장희천 교수님과의 대담은 동명동 '오월어머니집' 근처를 서성이며 진행됐다. 그곳이 선생의 생가였다. 선생은 기억 속에 있는 50년 전 동구의 이야기를 복기하듯 상기시켜 주셨다. 선생의 목소리에서 그리움이 짙게 묻어났다. 추억은 힘이 세다.

노희용 | 요즘 들어 골목만큼 많은 이야깃거리를 품고 있는 공간도 없겠다는 생각을 자주 합니다. 마을을 촘촘히 엮은 골목은 그곳이 생겨난 순간부터 무수한 이야기를 품기 시작하잖아요. 얼기설기 이어진 골목은 아이들의 놀이터고, 어른들에겐 직장이나 시장을 오가는 삶의 길이고, 두부장수나 연탄 짐꾼에겐 생계의 길이었죠. 광주에서 역사가 가장 오랜 동구에는 이야기가 담긴 골목들이 많습니다. 어쩌면 그 골목들이 동구라는 도시만의 특성이 아닐까 생각합니다.

도시재생, 마을을 되살려내는 것이다

장희천 | 이야기를 살리는 게 중요해요. 공동체의 회복도 경험을 공유한 이야기에서부터 시작되거든요. 요즘 도시들이 삭막한 건 이야기가 없기 때문입니다. 모든 도시가 다 똑같아요. 도시가 어느 나라

도시인 줄 모르게 변해 버린 거죠. 왜냐? 지역의 특성은 고려하지 않은 채 서울과 미국 도시들을 모방해 도시정책을 추진했기 때문이거든요. 우리나라 신도심에 한 번 가 보세요. 이미지가 죄다 똑같아서 그게 서울인지 광주인지 부산인지 어디 구분이 갑니까? 미국 도시를 그대로 베껴오는 도시정책은 이제 폐기할 때가 됐어요. 그 도시만이 가지고 있는 특성과 이야기를 살려야 합니다.

노희용 | 원도심인 동구의 핵심 화두는 도시재생입니다. 그런데 이야기를 살리는 것도 중요하지만 주민 편의도 외면하기는 힘듭니다. 지금 푸른길 주변에 한옥을 개조한 집에 사는데, 골목길을 혼자 돌아다닐 때가 많습니다. 급경사 위에 집들이 있는데, 거기는 지금도 보일러 기름 넣으려면 아마 통을 들고 가야 될 것 같더라고요. 주유선이 닿기는 너무 먼 거리고 차가 들어올 수도 없고, 아무리 봐도 오토바이도 못 올라갈 길이니까요. 산수

장희천 교수와 동구의 구석구석을 돌며 말을 섞는 동안 도시재생에 대한 철학이 확고해졌다.

동 쪽에 그런 골목들이 많습니다. 그런데 저는 그곳을 걸을 때마다 골목길이 제 몸과 마음을 마구 흔드는 것을 느낍니다. 우리 구의 살아 있는 정겨운 골목길들이 잠들어 있는 저의 어떤 감성들을 막 끌어내는 거지요. 근데 또 한편으로 살고 계시는 분들은 얼마나 불편하실까 싶은 이중적인 생각이 들어 죄송하기도 합니다.

장희천 | 도시재생을 하려면 두 가지를 다 살려야 합니다. 일단 차도를 만들어야죠. 기존에 있는 골목길을 재구성해야 됩니다. 보도와 차도, 골목길을 종합적으로 고려해 연결이 안 된 곳은 일부 뚫어주는 거죠. 그런데 원래 골목이 가지고 있던 선들은 그대로 놔둬야 해요. 선은 그대로 놔두고 벌려주기만 하면 됩니다. 작은 골목은 속도가 필요 없는 길이니까 굳이 직선일 필요가 없어요. 휘어져 돌아가는 곡선을 살리는 거죠. 지금은 도시지만 저 옛날 기존의 골목길들은 대부분 밭길이거나 논길이었죠. 원래의 지형에 순응해서 만들어진 길이었고, 그래서 길들이 자연스러운 겁니다. 경사를 다 고려해서 계속 이어나가는 길이었던 거죠. 그 곡선을 살리는 게 도시 재생의 핵심입니다.

노희용 | 실제로 제가 외국에 나가 보면 아시아의 대도시들은 급하게 개발되면서 미국의 도시정책을 모방해서 그런지, 간판만 빼면 도시 이미지들이 거의 흡사해요. 유럽처럼 그 도시만의 아우라가 없는 거죠. 그런데 놀랍게도 원래 우리가 모방의 대상으로 삼았던 미국의 도시들이 조금씩 변모하고 있다는 느낌을 받게 됩니다. 거대한 블록을 개발하는 방식이 시대적 한계에 부딪힌 것 같던데요, 선생님 어떻습니까?

장희천 | 단독주택이 알갱이가 아주 적은 모래라면 4층 정도의 다세대주택이 자갈입니다. 고층 아파트는 바윗돌이고요. 근데 덩어리가 크

면 클수록 그 안에 사는 인간의 삶은 황량해 집니다. 미국도 다르지 않죠. 한때 미국에서 유행하던 것이 슈퍼블록 개발입니다. 건물의 층수를 하늘 높이 올리고, 여유 공간을 주차장이나 공원으로 사용했죠. 기능적으로는 아주 좋은 구조입니다. 하지만 이런 슈퍼블록이 하나 있을 때는 좋은데, 곳곳에 생기니까 도시 전체가 차갑고 건조해 지는 겁니다. 사람 활동이 지하로 들어가 버리기 때문입니다. 도시는 바글바글하면서 사람이 보이기도 하고 미로 같은 느낌도 있어야 사람 사는 것 같잖아요. 미국에서도 반성이 시작됐어요. 다시 유럽과 같은 형태의 도시구조로 되돌아가려는 움직임이 확산되고 있습니다. 유럽은 전부 쓸어버리고 도시를 개발하는 게 아니고, 옛날 것을 그대로 가지고 가잖아요. 미국도 그런 정감의 도시 건축으로 다시 회귀하고 있는 거죠.

노희용 | 우리나라도 그런 회귀의 움직임이 조금씩 감지되고 있는 것 같습니다. 도시계획에 대한 여러 시행착오를 거치면서 전면 철거보다는 원래의 바탕을 살리고, 조금씩 수정하는 방식으로 선회하는 느낌이 듭니다.

장희천 | 장기적으로 그렇게 변해 가겠지만 현재는 이론을 도입하는 단계에 머물러 있죠. 전면 철거 대신 기능성을 약간 부각시켜주는 방식으로 전환되고 있는 중이랄까요, 예를 들어 다리 부러진 사람 다리를 붙여주는 정도죠. 다리가 부러졌는데, 사람 몸 전체를 해부할 필요는 없잖아요. 1980년대까지만 해도 지금처럼 자동차가 많지는 않

길에 사람살이 이야기들이 보석처럼 박혀 있는 동구의 골목.

았습니다. 도시의 자동차시장이 커졌으니까 도로 공간을 약간씩 확장해 주고, 주차공간은 자투리 공간을 활용하거나, 건물을 입체화시켜 지하로 넣는 정도의 수정이 적당한 겁니다. 근본적으로 때려 부술 필요는 없는 거지요.

노희용 | 우리나라 도시정책에 있어 가장 큰 사건은 아마도 1986년 아시안게임과 1988년 서울올림픽이 아닐까 생각합니다. 거대한 국제 행사를 앞두고 허름한 판자촌과 오밀조밀한 골목 안에 모여 있던 주택들을 일거에 쓸어버리고 대규모 신도시를 건설했잖아요. 그런 도시 건설 방식은 각 지방의 신도심을 만들 때 택지지구를 조성하는 방식으로 전이되고요. 우리나라 도시들이 각자의 표정이 사라진 결정적 이유가 그런 대규모 재건축 방식 탓인 거 같습니다.

장희천 | 그래요, 부끄러운 일이지만 서울올림픽 직전에 저도 같이 붙어서 멋모르고 일했어요. 서울 무교동의 낙지 골목이 유명했잖아요. 1984년에 무교동 쪽을 밀어버리고 큰 건물을 세웠거든요. 오밀조밀 골목길로 구성됐던 도시 조직을 쓸어내고 거대한 조직으로 변모시킨 거죠. 그때 무교동 골목이 다 날아가 버렸어요. 당시 우리는 오밀조밀한 골목을 세계에 드러내기가 창피했던 겁니다. 우리도 외국처럼 큰 건물이 있다는 것을 보여주고 싶었던 거예요. 그런데 막상 외국 사람들이 와서 보더니 '뭐 똑같네' 그러고는 흥미를 꺼버렸죠. 흉내는 냈는데 좀 짜잔하달까, 외국 대도시와 상대가 되겠습니까?

반면 무교동 건너편에 있는 청진동 해장국 골목의 경우 개발을 조금 하기는 했지만 역사의 숨결을 품은 공간인 피마길을 남겼어요. 옛날에 양반네들이 마차 타고 지나갈 때 행인들이 마차를 피하던 길이죠. 겨우 폭이 2m밖에 안 되는 좁은 뒷골목인데 값싼 음식점과 술집들이 많아요. 거길 그대로 살려 놓으니까 지금은 그곳이 명물이 됐어요.

노희용 | 무교동과 청진동의 사례는 도시재생을 추진하는 동구의 측면에서 시사하는 바가 큰 것 같습니다. 도시공간이 형성되는 과정을 보면 도시정책, 도시계획, 도시설계, 건축 순으로 일이 추진되잖아요. 그런데 교수님은 늘 도시정책을 가장 중요한 키워드로 꼽으시던데요. 역으로 '도심 쇠퇴도 도시정책 문제가 최우선적으로 고려돼야 한다' 고 말씀하신 것을 들은 적이 있습니다. 동구의 경우 도심 쇠퇴가 심각한데, 그동안 동구의 도시정책이 어떻게 잘못됐는지 진단해 주셨으면 합니다.

장희천 | 동구만의 문제라기보다 광주시 도시정책 방향의 문제였죠. 철거 중심의 신도심 개발이 동구 쇠퇴의 가장 직접적인 원인입니다. 사실 도시정책은 경제성도 중요하지만 공공성도 간과하면 안 되는 부분인데, 광주는 늘 공공성 측면은 소홀히 다뤘죠. 동구는 좋은 역사자원인 남광주 역사와 학동 팔거리를 잃었습니다. 왜 그런 결과를 낳았을까요? 기존 건물과 지역을 도시자원으로 보는 관점이 부족했던 겁니다. 동구는 과거 광주의 공공 공간으로 기능했는데, 그 기능

일제가 주민 감시의 목적으로 감옥의 모습을 본 따 만든 학동 팔거리, 한국 근대도시의 역사를 세밀하게 담고 있었지만 지금은 세상에서 사라졌다. © 성경훈

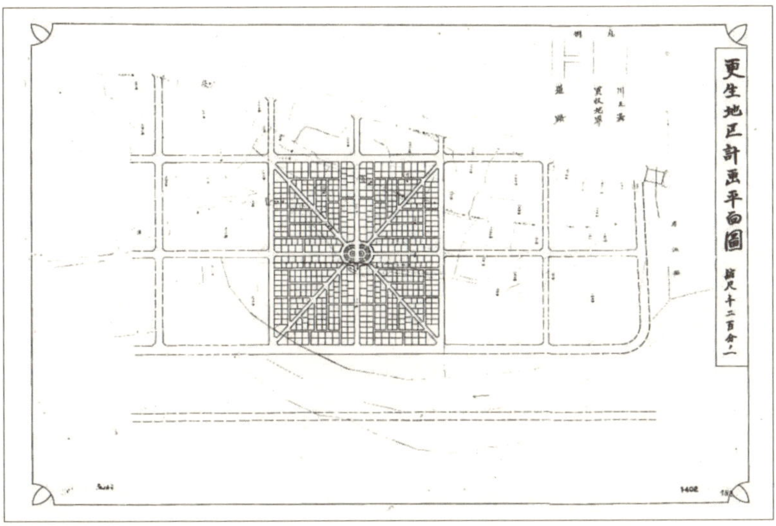

국가기록원이 소장하고 있는 일제시대 광주갱생지구(학동 팔거리) 하천매립공사 계획평면도.

성을 회복하려는 도시정책이 없었던 거지요. 반면 5·18 관련 자원들은 그 가치를 알기 때문에 아주 작은 것까지도 보존하려고 노력하잖아요. 만약 동구에 있었던 도시자원에서 동구가 비전을 찾았다면 어떻게 됐을까요? 그곳들을 지키기 위해 도시계획을 규제하거나 공원으로 지정하는 방식들을 동원했을 겁니다. 원래 자기가 품고 있던 것이 소중하다는 걸 먼저 느껴야 해요.

노희용 | 지금에 와서 학동 팔거리를 생각하면 안타까운 마음만 듭니다. 전부 밀어내고, 아파트를 지었는데 최소한 어느 한 부분을 부분 보존만이라도 했으면 어땠을까 싶습니다. 학동 팔거리는 동네 한가운데로 들어가면 광장이 있고, 이 광장에 서면 여덟 갈래의 방사선 모양으로 골목들이 뻗어 있었는데, 광주의 근대 역사를 담은 공간이었죠.

공간도 말을 하잖아요. 최근 들어 전국적으로 마을만들기 사업이 활발한데, 만약 학동 팔거리가 그대로 남아 있고 그 역사적 거리를 거점으로 마을만들기 사업을 진행했다면 전국적인 모델이 됐을 겁니다. 학동 팔거리의 역사성에 주민들의 공동체 의식, 거기다 문화를 접목하면 좋은 그림이 펼쳐졌을 텐데, 많이 아쉽습니다.

장희천 | 학동 팔거리는 1920~1930년대 광주천 정비로 만들어졌어요. 당시 광주천에는 도시빈민들이 살고 있었고요. 일제는 광주천의 정비를 위해 그들을 내쫓았고, 그들을 이주시킬 갱생부락 목적으로 지은 곳이 학동 팔거리입니다. 일제는 도시 빈민들을 천민 취급을

했습니다. 감시의 목적으로 감옥의 모습을 본떠 만든 일망감시 시스템이라고 하는 판옵티콘이 팔거리였던 셈이죠.

팔거리는 한국 근대도시의 역사를 세밀하게 담고 있는 공간이었습니다. 일제 때 방사선 형태로 도시계획을 한 사례는 국내에서도 몇 군데서 발견되지만 학동 팔거리처럼 동네 전체를, 그것도 가장 완벽한 방사선 형태로 조성한 사례는 없어요. 더구나 식민지 시대 조선 사람들의 삶을 밑바닥까지 감옥으로 만들려 했던 일제의 폭압을 극명하게 드러낸 공간이라는 측면에서도 역사적 의미가 큽니다. 공간이 독특해서 그런지 철거되기 전까지 팔거리에는 독특한 골목 문화가 살아 있었어요. 당시 팔거리 중앙 광장을 주민들은 전망대라 불렀습니다. 왜냐면 거기 앉으면 주민들살이가 훤히 내다보이니까요. 마을의 탄생은 비참했지만 삶 속에서 빛나는 문화를 건져냈고, 시간을 기억하는 땅으로 변모했던 거죠. 광주가 좋은 역사자원과 마을문화를 한꺼번에 폐기처분한 겁니다.

오래된 낡은 공간에서 희망을 기록하다

노희용 | 동구에는 낡은 한옥 건물과 방치된 폐가들이 많습니다. 제가 지금 주차장 특별회계 명목으로 축적해 놓은 돈을 가지고 동구의 폐가를 사 모으고 있습니다. 어떤 곳은 폐가를 헐고 텃밭을 만들어 주민들에게 분양합니다. 주민자치센터 앞집이나 옆집은 비워두기 위해 주차장을 만듭니다. 영원히 주차장으로 사용할 생각은 아닙니다.

나중에 무슨 용도로 어떻게 사용하게 될지 모르니까 미래에 대한 예비 개념으로 일단 주차장을 만드는 거죠. 우리나라는 선의 공간인 도로만 많고, 사람들이 모여 뭔가 유쾌한 모의를 꾸밀 수 있는 장소적 공간이 너무 부족한 것 같습니다. 그런 공간을 만들기 위해 우선 땅을 확보하는 거지요.

장희천 | 만인이 모이는 공공의 장소가 삶의 활력을 만듭니다. 시골 마을에 가면 마을 중앙에 당산나무가 있잖아요. 마을 사람들이 거기 모여 그늘에서 쉬고, 마을 대소사도 논의합니다. 아이들에겐 놀이터죠. 당산나무 주변 공간이 바로 마을의 구심점이죠. 근데 도시엔 그런 공간이 없어요, 각자 따로 사니까 삶이 삭막해질 수밖에 없는 겁니다. 동구의 경우 앞으로 이전할 학교나 공공시설이 많잖아요. 그 공간들의 공적 활용 방법도 지금 미리 준비해야 할 것 같습니다.

노희용 | 나중에, 그때 가서, 닥친 뒤 생각을 모으려면 이미 늦기 마련이라서 교수님의 제안대로 학생회관, 서석초등학교, 옛 동명여중, 동부경찰서 등 조만간 이전하게 될 공공시설 활용에 대한 다각도의 논의가 필요해 보입니다. 동구의 역사성과 장소성에 맞는 활용 방안을 하나만 제안해 주신다면 뭐가 있을까요?

장희천 | 글쎄요, 저는 도시의 시간 자원에 관심이 많습니다. 도시역사 자원의 대상이 예전에는 왕조와 귀족 중심이었는데, 지금은 민

동구의 오래된 이발관, 거기 동구에 내재된 삶의 문화가 깃들어 있다.

간으로 변화하고 있습니다. 동구는 광주의 근대가 시작된 곳이고, 근대의 시간 자원이 아주 많잖아요. 공간 자료와 생활 자료를 모은 생활사 박물관을 만들어보는 것도 좋을 것 같고요. 꼭 큰 규모의 공공시설 건물이 아니더라도 동구에 비어 있는 폐가들을 활용해 아담한 규모로 시도할 수도 있으면 좋겠습니다. 급속한 사회변화 탓에 도시민의 생활공간과 생활도구들이 급속하게 사라지고 있어요. 서울에서도 그런 사례가 하나 있는데, 대법원이 이전할 때 서울시는 그 공간을 서울미술관으로 활용했습니다. 서울미술관의 경우 얼마 전부터 1950년대 생활 도구들을 기증받아 전시하기 시작했어요. 공적 틀 안에서 도시민의 시간이 기록되기 시작한 거지요.

노희용 | 현재 동구 사람들의 가장 큰 고민은 도시 재개발을 어떻게 할 거냐는 겁니다. 현재 재개발 구역으로 지정된 곳이 19개소인데 2곳을 제외하고 별다른 진척이 없습니다. 택지가 워낙 크고, 건설경기 악화로 건설사들이 수익성이 없을 것 같으니까 차일피일 미룬 게

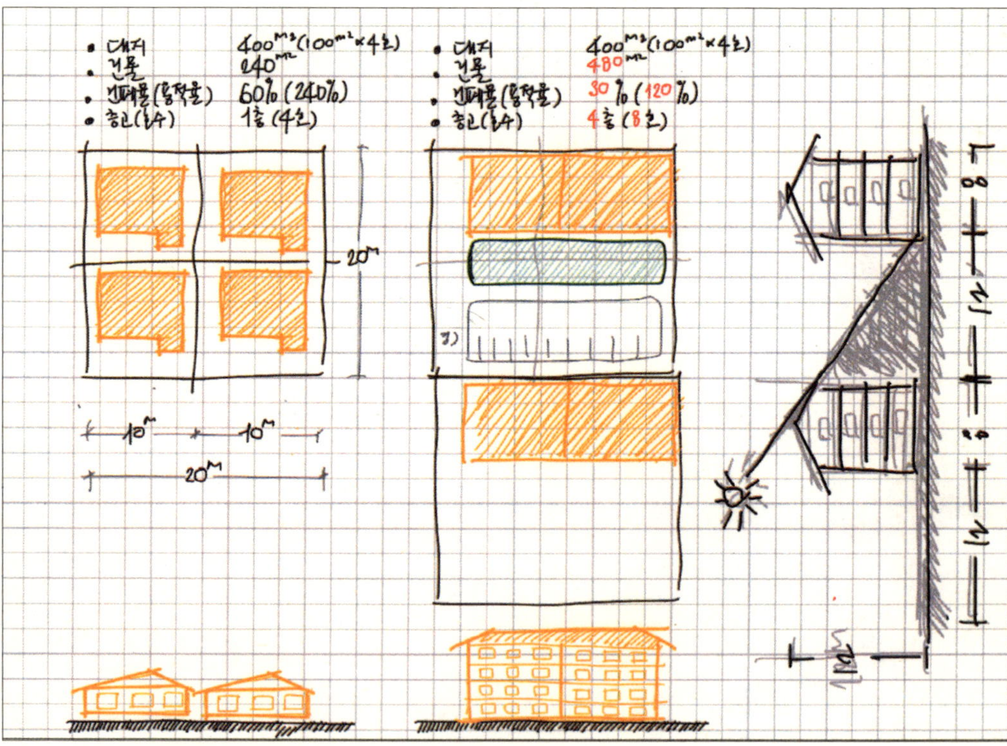

소단위 개발 방식의 주거환경정비(장희천 교수 스케치).

성과 없이 오랫동안 흘러온 거죠. 최근 들어서는 아예 재개발 구역 지정 취소 사례도 나오고, 회의적인 시각들도 많이 확산되고 있는 것 같습니다. 처음엔 멋모르고 찬성을 했는데 살던 집을 떠나야 한다니까 난감해지는 거죠. 막상 갈 데가 없거든요. 낡은 30평 주택 팔아서 어디로 가겠습니까? 대부분 어르신들인데, '내가 살면 얼마나 살겠나'며 그냥 눌러앉으시는 겁니다.

장희천 | 주거환경개선사업이 근본적인 문제를 놓치고 있어요. 이젠 철거방식의 재개발의 시대는 지났습니다. 광주라는 도시는 팽창할 대로 팽창했고, 시골에서 새롭게 유입되는 인구도 없죠. 대규모 철거로는 건설사도 수지타산을 맞추기 어려워요. 그럼 소단위 개발을 해야 하는데, 이럴 경우 재산 가치가 크게 늘어나는 것도 아니라서 관심이 덜하죠. 결국 도시의 건축용지를 갈라서 나눌 때 한 단위가 되는 땅인 획지의 문제인데, 부분 통합하는 방법밖에 없다고 봅니다.

노희용 | 몇 채의 집을 헐어 100평이나 200평 단위의 획지를 마련하는 방식이죠? 서울 성미산마을 사례를 보니까 그런 방식으로 네댓 명이 짝을 이뤄 획지를 마련해 공동으로 건축을 하던데요.

장희천 | 전문용어로 소단위 개발 방식의 주거환경정비라고 하는데, 제가 볼 땐 이 방식이 동구 여건에 적합할 것 같습니다. 건축도 이제 도시재생의 관점에서 생각하는 게 시대적 흐름이에요. 미세한 데

광내고, 잔손질을 해주는 거죠. 소단위 개발방식의 주거환경정비를 하면 도시 이미지가 오밀조밀 다양해집니다. 동구 주민들의 입장에서는 비새는 집, 바람 부는 집 해결하고 일조 잘 되는 집 생기니까 자기 돈만 안 들면 괜찮은 방식이라고 생각합니다.

노희용 | 선생님, 문제는 결국 비용일 텐데요, 자기 돈 안 들이고 그게 가능할까요?

장희천 | 30평짜리 집 네 채를 헐면 120평이 생깁니다. 120평에 2호씩 붙여서 4층으로 짓는 겁니다. 토지는 공동소유고, 아파트하고 똑같아요. 소형아파트라고 보면 됩니다. 집을 지어서 원래 주민 4명이 두 층을 쓰고, 나머지 두 개 층 4채는 분양을 하거나 전세로 내놓는 겁니다. 평당 건축비를 400만 원으로 잡으면 분양가는 800만 원으로 상정해요. 그러면 건축비만 가지고 전부를 지을 수 있고, 원래 주민들은 자기 돈이 들지 않죠. 대신 땅의 지분을 갖는 사람이 원래 4명에서 8명으로 늘어나는 거지요.

노희용 | 그렇게 되면 동구의 원주민들이 계속 마을을 지키면서 살고, 낡은 주거환경은 개선되는 효과를 얻을 수 있겠군요. 한 집에서 차지하는 실제 전용면적을 30평 정도로 잡으면 60평이 소요되고, 60평이 남으니까 거기에 주차장을 만들고 땅이 남으면 텃밭으로 사용할 수도 있겠네요?

장희천 교수는 침체된 예술의 거리를 살리기 위한 방책으로 열림의 이미지를 강조했다.

장희천 | 그렇죠. 주민들의 삶은 훨씬 개선되고, 거대한 아파트 단지가 아니니까 도시미관도 특색 있고, 좋아질 겁니다. 광주는 아파트가 너무 많아요. 광주 집과 서울 집이 다 똑같아요. 요즘 옛날 일본에서 찍어온 사진들을 정리하고 있는데, 어디가 어디인 줄 전혀 모르겠어요. 처음 아파트라는 건축양식을 들여올 땐 신기했는데, 자기들끼리 카피를 하다 보니까 전부 똑같아진 거예요. 사진들로만 보면 어느 도시건 풍경이 다 똑같아서 구분이 안 가는 겁니다. 일본만 그러겠어요. 한국도 전부 똑같아요.

차 없는 금남로, 억눌린 심리적 기저 단숨에 초월케 하라

노희용 | 2015년 아시아문화전당이 개관합니다. 전당의 활성화를 기대하려면 전당과 연계된 주변의 문화마켓 기능을 키워야 한다고 생각합니다. 전당 하나만 덜렁 기능하면 필연적으로 주변과 단절되니까요. 나날이 침체의 길을 걷고 있는 예술의 거리에 대한 활성화 방안이 절실합니다.

장희천 | 예술의 거리는 닫혀 있는 느낌이 강해요. 제가 왜 그럴까를 생각해 봤는데, 동선이 막혀 있는 것 같아요. 예술의 거리 중심도로와 주변 블록을 잇는 길이 더 많아져야 해요. 활력이 있는 공간은 갯벌에서 게들이 구멍을 나와 들락날락 하듯이 자유로운 왕래가 가능해야 형성됩니다. 예술의 거리는 골목 뚫기가 필요해 보여요. 중심도

로와 주변 블록 사이사이에 작은 골목을 더 뚫어주는 거죠. 예술의 거리는 또 길이 무척 좁잖아요. 거기 차량 통행 금지해도 교통 흐름에 큰 문제를 주거나 하지는 않아 보이거든요. 보행자 전용도로 전환도 고려해 볼 만한 조치일 것 같습니다.

노희용 | 골목을 뚫어주면 사람의 유입은 늘 텐데, 현재 예술의 거리를 보면 사람의 유입이 거리 내부를 살릴 수 있을지 의문이 듭니다. 현재 예술의 거리는 가로변의 예술 관련 가게들이 카페나 식당으로 대체되는 변화를 겪고 있습니다. 비싼 임대료 감당을 못하는 건데요, 화랑이나 전시 공간들은 지하나 임대료가 싼 고층 건물을 전전하다가 다른 지역으로 떠나버립니다. 예술의 거리에서 정작 예술이 거세당하고 있는 거죠.

장희천 | 그건 도심의 구조적 경제논리 문제인데, 아시아문화전당이 들어서면 자연스럽게 예술마켓 기능들이 살아날 겁니다. 중요한 건 사람의 유입이죠. 쌈지 천호균 사장이라고 아세요? 그분이 인사동에서 의미 있는 실험을 한 적이 있어요. 쌈지는 패션, 지갑 같은 걸로 유명한 업체인데 천호균 사장이 인사동에 쌈지길을 만들었어요. 원래 거기가 불고기집이었는데 옆으로 일제시대 건물 9채가 쭉 늘어서 있었죠. 그 집들도 다 털어 버리려고 했는데 보존운동이 일어났습니다. 그래서 천호균 사장이 쿨하게 인정하고 보존했어요. 길이 쭉 연결돼서 쌈지길이 인사동의 명물이 된 겁니다. 길을 건물 안으로까지 연결

휴대폰이 없던 시절 광주 사람들의 약속되거나 혹은 약속되지 않은 모든 만남이 이루어졌던 우다방.

우체국 쇼핑
설 할인대잔치
우체국 팔도특산물 최대 20% 할인
2014. 1. 8.(수) ~1. 22.(수)
(15일간)
광주우체국
231-0412
광주우체국
영업과
KOREA POST
skechers
GOrun 2
20,000
T.222-1417
국제 특급우편

했어요. 건물의 경사가 아주 완만한데 천천히 걸어 올라가면 4층 꼭대기에 닿는 구존데, 길을 건물에 도입한 거죠. 길 바로 옆에 가게들이 쭉 있으니까 쌈지길은 늘 활력이 넘쳤어요.

노희용 | 그런 측면에서 금남로나 충장로 어딘가에 사람들이 자유롭게 모이는 광장을 하나 만들어보면 어떨까, 그려보고 있습니다. 사람들이 자유롭게 쇼핑하며 걷다보면 모두 광장으로 집결하는 구조로요. 요즘 최인훈 선생의 「광장」이 자꾸 떠오릅니다. '광장은 대중의 밀실이며 밀실은 개인의 광장이다. 인간을 이 두 가지 공간의 어느 한쪽에 가두어버릴 때, 살 수 없다. 그럴 때 광장에 폭동의 피가 흐르고 밀실에서 광란의 부르짖음이 새어나온다' 던 문구가 눈에 밟힙니다. 선생님, 저는 정치적 의미로서의 광장이 아니라, 집단 활력으로서의 광장이 하나쯤은 도심에 필요하다고 생각합니다.

장희천 | 광주 도심에 유일하게 있었던 광장 비슷한 공간이 옛날 광주우체국 앞 우다방이었을 겁니다. 아직 전화기가 대중화되지 않았을 때 광주 사람들은 툭하면 약속 장소로 우다방을 입에 올렸죠. 거기 광주우체국 앞에 서 있으면 우연히 다른 친구들도 많이 만나고요. 우다방은 소통과 만남의 광장이었죠.

노희용 | 맞습니다. 슈카르트라는 세르비아 출신의 3인조 미술 그룹이 있습니다. 이들의 작업은 참 독특합니다. 한 지역을 세밀히 조사

하고, 지역 주민들과 대화를 나누면서 퍼포먼스나 공동체 참여 프로그램을 만들어요. 슈카르트가 2006년 제6회 광주비엔날레에 참여했는데, 작품 이름이 '광주의 오케스트라' 였어요. 광주의 의미 있는 공간을 찾아 합창곡을 만들고, 그 과정을 담아 전시했죠. 슈카르트가 찾은 광주만의 의미가 충만한 공간이 바로 우다방이었습니다. 하지만 우다방은 만남의 장소, 의사소통 광장으로의 의미는 깊은데, 협소한 장소성의 한계 때문인지 집단 활력을 분출하는 공간으로까지는 나아가지 못했던 것 같더라고요. 동구에 도시광장을 세우면 어디가 좋을까요?

장희천 | 사람들이 원래 많이 왕래하는 곳이어야 하고, 상권도 어느 정도는 살아 있어야 합니다. 스토리텔링의 시대니까 장소의 역사성도 고려해야겠죠. 특히 공공이 가지고 있는 땅이어야 합니다. 사유지가 많이 포함돼 있으면 매입하다가 날 새는 거죠. 산업은행 자리와 학생회관, 우다방이 연결되는 어느 지점에 도시 광장을 마련하면 아마도 충장로 전체가 살아날 겁니다.

노희용 | 제가 예전에 덴마크로 출장 갔을 때 시청 앞 광장에서 놀라운 광경을 목격했습니다. 젊은 아이들이 우르르 몰려 와서 금방 골대를 세우고 미니축구를 하는 거예요. 풋살이라고 하는데, 움직임을 보니까 거의 프로급이에요. 그런데 지나가는 사람들이 그것을 보며 전부 응원을 합니다. 경기 끝나니까 곧바로 철거하고, 공연 같은 게 열려요. 아, 이런 게 바로 살아 있는 광장이구나 싶었습니다. 밑에 대

예술의 거리 상인들과의 대화, 우연한 만남 끝에 웃음이 피었다.

리석이 깔려 있는데도 광장에서 노는 사람들은 거침이 없고 힘이 넘쳤습니다. 그걸 보고 동구청 주차장을 비워 버릴까도 생각했습니다.

장희천 | 광장의 바닥은 반드시 딱딱한 재질로 만들어야 합니다. 광장을 밟을 때 사람들이 죄의식을 안 느껴야 하거든요. 서울시청 앞

길이 우리에게 말을 걸어왔다. 우리는 길과 하염없이 대화했다.

광장을 이명박 시장 시절에 만들 때 잔디를 깔았어요. 전국보행환경연대 사람들이 반대하고, 이명박 시장하고 면담도 했는데 결국 잔디 까는 걸 못 막았죠. 잔디가 생명이라서 사람들이 거기서 집회 같은 걸 할 때 은연중에 죄의식을 느낍니다. 정서적인 부담이 있는 거지요. 잔디가 살아 있으니까 움직임이 둔해지죠. 광장은 열림의 이미지를 심어주는 게 무엇보다 중요합니다.

노희용 | 금남로를 여는 것은 어떻습니까? 앞으로 지역사회와 함께 지혜를 모아 금남로를 차 없는 거리로 만들 계획입니다. 지금도 지구의 날이나 5·18전야제, 충장축제 기간 동안은 금남로가 차 없는 거리가 되잖아요. 교통 흐름에도 큰 문제가 없어요. 만약 금남로를 차 없는 거리로 만들면 윗길과 아랫길이 교차하고 좌우의 길들을 자유롭게 교행하는 열린 도시 광장이 자연스럽게 생겨날 것 같습니다.

장희천 | 그렇게만 된다면 놀라운 일이 되지요. '광주'라는 도시의 전체적인 표정이 달라질 겁니다. 청장이 된 지 얼마 되지 않았는데 정책구상이 참 많아 좋네요.

노희용 | 동구의 전체적인 정책적 밑그림을 그리면서 고생하고 있는 박규견 정책팀장이 오랫동안 고민하고 준비해 오고 있는 일입니다만, 오월항쟁을 완성했던 옛 도청자리, 아시아문화전당 앞에 차 없는 금남로를 앉힌다고 생각해 보십시오. 그렇게 금남로를 다시 시민들에게 되돌려 준다면 길 위에서, 광장에서 '광주'만의 에너지가 분출할 겁니다.

장희천 | 독일 뮌헨에 가면 '보행자천국'이란 곳이 있어요. 원래 간선도로였는데 차량 통행을 막으면서 사람들이 애칭으로 그렇게 부르

죠. 도로가 무척 넓어요. 폭 30m 정도니까 금남로와 비슷할 겁니다. 1972년 뮌헨올림픽 때 과감하게 간선도로를 보행자 전용도로로 지정했어요. 그러고 나서 옆으로 작은 도로를 뚫고 주차장도 만들어 놓으니까 보행자천국이 된 겁니다. 시민들이 불평할 거 같지만 절대로 그렇지 않아요. 오히려 천국 같은 공간을 얻어 무척 행복해합니다.

노희용 | 길의 원래 주인이 사람인데, 차가 길의 주인이 됐어요. 사람들은 늘 차에 대한 심리적 눌림이 있어요. 차에게 빼앗긴 도로를 되찾아 자유롭게 노닐 수 있는 평화의 공간을 확보해야 합니다. 차 없는 금남로. 금남로를 차 없는 광장으로 만들면 광주 사람들의 억눌린 심리적 기저를 단숨에 초월하게 만드는 집단적인 힘을 얻을 수 있을 겁니다. 금남로가 일종의 해방구가 되는 것이지요. 금남로에서 텐트도 치고, 뛰고, 놀고, 잠도 자는 거죠. 상상만 해도 행복합니다.

장희천 | 5·18 전야제 땐가 한 번 차 없는 금남로에 누워 본 적이 있거든요. 기분이 그렇게 좋아요. 평상시 같으면 차들이 저를 깔아 밀고 지나갈 곳인데, 어림없잖아요. 누워서 하늘을 보는데 그렇게 행복할 수가 없는 거예요. 내가 차한테 이긴 것 같고, 등에 닿는 맨땅의 느낌도 전해져 설레고요. 만약 금남로를 사람에게 되돌려 주면 광주 시민뿐만 아니라 외지 사람들도 엄청 찾아올 거예요. 도심이 살고 광주다운 광장시대가 열리는 거지요. 도전할 수 있는 열정이 있는 청장이니 기대하겠습니다.

마을공화국이 꿈꾸는 세상

유창복은 성미산마을을 떠났다. 아주 떠난 게 아니라, 서울 곳곳에 또 다른 성미산 마을을 만들기 위해 잠시 '서울시마을공동체종합지원센터'로 삶의 전선을 옮겼다. 그와의 대담은 센터에서 이뤄졌다. 그의 눈은 빛났고, 말은 정갈했다. 그에게서 마을의 힘이 느껴졌다.

노희용 | 마을만들기라는 게 어찌 보면 과거로의 회귀인 것 같습니다. 우린 모두 어릴 적 공동체가 살아 있는 마을에서 자랐잖습니까. 결국 마을만들기에는 현재의 삶에 대한 반성적 사고가 담겨 있는 것 같습니다. 관계가 단절된 삭막한 아파트 공간에서 살다 보니까 서로 고민이 있을 때 고민을 털어놓을 사람이 옆에 있던 시절이 그립고, 같이 모여 해결책을 찾는 그런 관계가 그리워지는 거죠.

왜 '마을'인가?

유창복 | 마을만들기를 하면서 항상 품고 있는 질문이 하나 있습니다. '지금 이 시대에 왜 마을인가?' 물음에 대한 답은 관계가 그립다는 겁니다. 그렇기에 마을만들기에서 가장 중요한 것은 가까이 사는 이웃들과 관계를 맺는 겁니다. 생활의 필요를 하소연하고, 같이 궁리하고, 한 번 해볼까 마음을 먹고, 함께 협동하면서 일을 저지르는 것

이죠. 저지르다 보니 되네. 아, 서로 협동하면 되는구나, 이렇게 느끼는 겁니다. 마을만들기가 아주 거창한 게 아니죠. 함께 하소연하고 궁리하고 협동하면서 맺어지는 이웃들의 관계망, 우리는 그걸 마을이라고 부릅니다.

노희용 | 마을만들기의 핵심이 관계인데, 관계라는 게 '자, 지금부터 맺자' 하고 선언한다고 뚝딱 만들어지는 건 아니잖아요. 저 같은 경우는 청장이 된 후 허름한 주택을 고쳐서 월세로 살고 있습니다. 주민들 사이로 스미려 한 건데, 처음엔 주민들이 오히려 경계를 좀 했습니다. 집 마당에 살구나무가 한 그루 있는데, 5월에 열매가 오지게 열려요. 그걸 골목에서 주민들과 나눠 먹고 하니까 주민들이 저를 편하게 생각하더라고요.

유창복 | 바로 그런 겁니다. 관계는 신뢰가 생겼을 때 회복되는 거잖아요. 마을공동체의 성패를 가르는 중요한 요소가 있어요. 그게 '3S' 예요. 3S라고 하니까 좀 거창하게 들리죠.(웃음) 근데 간단해요. 3S는 '수다, 술, 십시일반' 이에요. 수다와 술이 소통의 도구로서 그만입니다. 마을공동체 활동을 하다 보면 필연적으로 갈등이 생깁니다. 어떻게 풀어야 할까요? 중요한 건 수다죠. 결국 직접 만나서 허심탄회하게 많은 이야기를 나누는 게 최고예요. 성미산마을에서는 매년 연말에 '하소연 대회' 를 합니다. 수십 명의 사람들이 1년 동안 각자 품었던 서운한 감정에 대해 하소연하면서 감정을 푸는 시간이죠.

오랜 시간을 품고 있는 동구의 골목에서 늘 사람의 삶이 피어난다.

노희용 | "술과 인간은 끊임없이 싸우고 끊임없이 화해하는 사이좋은 투사와 같다. 진 쪽은 이긴 쪽을 포용한다"고 시인 보들레르가 말했잖아요. 술의 의미를 저도 좀 알 것 같습니다. 퇴근하고 저희 집 마루에 앉아 주민들과 섞여서 간혹 막걸리도 한 잔 마시고 그럽니다.

유창복 | 개떡같이 말해도 찰떡같이 알아듣는 관계를 만들려면 술이 최고죠. 아무리 갈등이 서로 남아 있던 사이여도 막걸리나 소주 몇 잔 같이 하면서 허심탄회하게 이야기한다면 갈등 관계가 해소될 가능성이 커요.

정말 중요한건 십시일반입니다. 즉, 여럿이 함께 움직이는 정신이죠. 마을공동체를 아무리 많이 만들어도 자립하지 못하면 끝입니다. 아쉬운 사람이 직접 우물을 파야 그 우물을 지킨다고 생각합니다. 마을공동체 활동은 하고 싶은 사람이 하는 거다, 그러니까 마음을 냈으면 재물도 내야 된다고 생각합니다. 가장 좋은 방법이 십시일반입니다. 형편대로 마음 가는 대로 내면 그게 한 덩어리가 되고 씨앗이 됩니다. 정부는, 주민들이 그렇게 모아야 더 주시하게 됩니다. 마을공동체가 진짜 필요한 건 없는 사람들이죠. 필요한 사람들끼리 모아도 돈 잘 안 모일 수 있죠. 저는 이럴 때 정부가 '짠' 하고 나서야 된다고 봅니다. 마을 사람들이 최대한 자립적으로 노력할 때 그 부족분을 정부가 보충해 주면 됩니다.

아이 하나를 키우기 위해서는 마을이 필요하다

노희용 | 성미산마을에서는 이름 대신 서로에게 별명을 부르는 것 같던데, 그것도 관계 회복을 빨리 이루기 위한 장치인가요? 이름도 정말 독특한 거 같던데요. 케빈 코스트너가 주연했던 영화 〈늑대와 함께 춤을〉에서처럼 인디언의 방식을 따르는 거 같기고 하고, 하여튼 별명에서 철학적 의미들이 읽히는 것 같습니다.

유창복 | 제 별명은 '짱가'에요. '어디선가 누구에게 무슨 일이 생기면' 틀림없이 나타나는 존재죠.(웃음) 영화배우 고창석 씨 아시죠? 그분도 성미산마을 주민인데, 별명이 '2층집 뚝' 입니다. 2층에 살거든요. 별명의 유래가 재미있는데, 성미산마을이 공동육아어린이집으로 시작했잖아요. 공동육아어린이집에서는 선생님들한테 아이들이 반말을 쓰게 했어요. 아이들은 어른이 아무리 친절해도 그 자체로 위압을 느끼기 때문에 수평적인 소통을 이끌어내기 위해 반말을 쓰게 한 거죠. 그런데 아이들이 "선생님~"하고 부르면서 반말을 편하게 못 하는 거예요. 말이 안 나오는 거죠. 그래서 선생님 이름 대신 별명을 지었어요. "민들레 나 배고파", "고래 나 쉬마려" 이런 식으로요. 아이들이 선생님들한테 별명 쓰던 게 부모님한테까지 별명이 옮아갔던 것이고, 그게 또 동네 전체로 퍼진 거예요. 저는 공동육아 학부모로서 별명을 얻었는데 애가 다 졸업하고 어린이집하고 관계가 아예 없게 됐지만 지금까지 별명을 계속 갖게 된 거죠. 동네 이사 오면 다 별명

내가 사는 마을의 지도는 어떻게 그릴까?

을 지어요. 애들이 지어주기도 하고, 자기들이 짓기도 하고…….

노희용 | 성미산마을은 육아와 교육에 대한 고민을 시발점으로 만들어졌고, 1994년 '공동육아협동조합' 설립이 그 출발점이잖아요. 주민들의 공동출자로 어린이집을 만든 것이 그 시초인데, 결국 성미산마을은 부모들이 아이를 맡기기 위한 장소, 즉, 자신들의 '필요'에 의

해서 출발한 것으로 해석할 수 있을 것 같습니다. 모든 마을만들기도 주민들의 자기 필요가 없으면 결국 실패할 확률이 높을 것 같은데, 선생님의 생각은 어떻습니까?

유창복 | 정말 당연한 이야기입니다. 주민들이 생활의 필요, 어려움을 함께 해결하는 과정에서 이웃과 관계를 맺게 되죠. 정부단체가 마을에 이런 게 필요해라고 미리 계획을 세우고 주민이 참여해 달성해주기를 원하는 것이 가장 나쁜 마을만들기 방식입니다. 주민이 아이와 노인의 돌봄 등 일상생활의 필요로부터 출발해야 건강한 마을만들기가 될 수 있죠. 성미산마을도 그런 자기 필요로부터 시작했기 때문에 자립할 수 있었던 겁니다.

노희용 | 성미산마을이 생긴 지 올해로 딱 20년인데, 처음엔 아이들 교육문제에 대한 고민으로부터 시작했지만 지금은 별별 게 다 생겼잖습니까, 그런데도 여전히 성미산마을의 최대 강점은 교육인 거 같습니다. 성미산마을 주민들이 참여한 설문조사를 살펴봤는데, 응답자의 66%가 마을로 이주한 첫 번째 이유로 '교육·육아'를 꼽더군요. 공동교육, 공동육아는 마을공동체 형성에 어떤 의미를 가집니까?

유창복 | 지금은 학교에서 교육을 받지만 예전에는 대가족이 모여 살면서 집에서 교육이 이루어졌잖아요. 성미산마을은 반대로 아이를 돌보며 어른들이 다시 관계를 맺어요. 지금도 마을이 살아 있는 농촌

이나 도심 변두리는 엄마와 아이들이 재잘거리며 같이 놀아요. 애들 같이 기르고, 힘 빠진 노인들 돌보며 살았던 게 마을입니다. 공동육아와 방과후 프로그램을 통해 이웃의 아이를 함께 기르다보면 우리 몸속에 남아 있던 마을유전자가 깨어납니다. 그 과정에서 어른들의 관계가 살아나고, 자연스럽게 마을만들기를 연습하는 겁니다. 마을만들기가 잘 된 곳들의 공통점은 하나예요. 전부 아이를 함께 기르는 프로그램이 매개가 된 경우죠.

노희용 | 그런데 과거의 마을과 현재의 마을만들기가 결정적으로 다른 게 하나 있습니다. 바로 주거 이전이죠. 예전에는 사람이 태어나 한 마을에서 거의 평생을 살았잖아요. 지금은 다르죠. 사회적 여건에 따라 자꾸 이사를 해야 합니다. 그 순간 관계도 단절됩니다. 마을을 만들려면 주민들의 주거 이전에 따른 고민도 함께 해결해야 할 것 같아요. 이주해서 금방 마을을 떠날 상황이 반복되면 마을공동체 회복도 요원해 질 테니까요. 광주 동구는 인구 10만 5,000명에 65세 이상 어르신 비율 17.5%입니다. 다른 지역의 원도심이 그렇듯 동구도 정주 인구 비율이 다른 지역에 비해 높습니다. 그런 의미에서 광주 동구는 마을만들기에 적합한 지역이 아주 많아요.

유창복 | 정주 인구가 희망입니다. 광주 동구는 정말 좋은 문화적 자산을 가진 겁니다. 마을만들기나 마을정책의 가장 큰 장애가 주거예요. 2년 후에 이사 갈 생각을 하면서 이웃과 깊은 관계를 맺는 건

불가능합니다. 오히려 관계 맺는 게 번거롭죠. 그런데 요즘 세상에 전세 사는 사람들은 2년마다 메뚜기처럼 이사를 해야 하죠. 집을 가진 사람이라고 다릅니까, 집값이 오르면 팔아야지 생각합니다. 오래 안심하고 살 수 있어야 관계가 살아 있는 마을이 형성됩니다. 역설적이지만 원도심이 나이가 많아도, 오래 살 수 있는 여건이 된다면 마을만들기에 아주 좋은 조건이라고 할 수 있습니다.

노희용 | 광주 동구는 지금 재개발사업 때문에 골치입니다. 이제 예전처럼 전부를 밀어 버리고 아파트를 짓는 재건축의 시대는 저문 것 같아요. 그런 차원에서 저는 약칭으로 '소행주'라 불리는 성미산 마을의 '소통이 있어서 행복한 주택 만들기'를 눈여겨보고 있습니다. 공동주택에서 함께 살 사람들을 모집해 워크숍을 거친 뒤 건축 설계의 기본 콘셉트를 잡고, 공동으로 집을 지어 나중에 함께 살아가는 방식은 광주 동구의 재개발 방식으로 매우 적합해 보입니다. 그렇게 만들어진 주택들이 많아지면 도시 경관도 좋아질 것 같고, 주민들 간 유대의 폭도 넓어질 것 같아요. 주거 이전에 따른 관계 단절 문제도 함께 해결되고요.

유창복 | 아주 획기적인 효과죠. 소행주 주택에 살면 누가 제일 좋아하는지 아세요? 바로 아이들입니다. 8가족이 함께 사는 소행주 주택의 아이들은 모두 형제처럼 지냅니다. 다른 집 사정을 손바닥 보듯 잘 알아요. 어느 집에 언제 가면 장조림이 있다는 것도 알죠. 그러니

동구 사람들의 삶을 종과 횡으로 엮으며 도시의 허파로 기능하는 푸른길 공원.

까 아이들끼리 몰려가서 맛있는 반찬을 습격해서 먹어 치워요.(웃음) 옛날 대가족의 형제처럼 함께 지내는 거죠. 어른들도 마찬가지예요. 저녁에 반찬 한 가지씩 들고 와서 마치 서양의 '포트락 파티' 처럼 함께 먹고, TV도 같이 보고, 남편하고 싸운 하소연도 하면서 마음을 나

눠요. 일상에서 밥 먹고 힘든 일 있으면 수다 떨면서 관계를 맺는 것, 이게 진짜 혈육보다 가까운 이웃사촌이지요.

마을공동체 모두가 흥겨워야 한다

노희용 | 전국에서 마을만들기가 확산되고 있잖아요. 그런데 마을이 잘 결속된 곳들은 결정적 계기를 하나씩 가지고 있는 거 같습니다. 성미산마을의 경우 2003년 성미산을 지키기 위한 주민들의 공동대처가 있었죠. 그 사건이 마을의 내부 결속을 획기적으로 강화시키는 계기로 작용한 것 같더군요. 그 투쟁을 계기로 주민들 마음속에서 함께 뭉치면 무엇이든 해낼 수 있다는 확신 같은 것이 들고, 공동체의 의미도 크게 확산된 것 같아 보입니다.

유창복 | 동서고금을 막론하고 공동체라는 것은 외부의 공격으로부터 탄생하고 단련되어 왔습니다. 부부가 다투다가도 애가 맞고 들어오면 어떡합니까. 언제 싸웠냐는 듯이 "누구한테 맞았냐?"고 협동해서 나가지 않습니까, 이게 관계고, 마을이죠. 성미산은 도심에서 보기 드문 생태숲이었고, 새벽에는 노인, 아침에는 아주머니들, 오후에는 학교 끝난 아

이들이 늘상 올라갔던 그야말로 마을의 광장 같은, 허파 같은 곳이었습니다. 이곳이 없어진다니까 제일 실망했었던 것이 어르신들이었어요. 그 어르신들과 함께 젊은 주민들이 협동했기 때문에 2년 만에 성미산을 지킬 수 있었던 거죠. 어떻게 보면 산은 성미산마을의 상징이기도 하고, 성미산마을이 형성되게 만든 가장 주요한 계기가 되기도 했던 것입니다.

노희용 | 성미산마을에서는 축제가 자주 열리잖아요. 세상의 모든 축제들에는 묘한 힘이 있다고 믿습니다. 개인이 축제의 흥에 몰입하면서 여러 사람들의 힘이 하나로 집결하는 거니까요. 저는 개인적으로 '흥은 혁명이다' 라는 말에 동의합니다. 저는 이 흥이라는 것을 전 부치는 것에 비유합니다. 반복되는 하루하루의 일상에 가끔씩 뜨겁게 뒤집어 가며 부치는 파전 같은 흥이 있어야 되잖아요? 사람은 흥이 나야 움직입니다. 특히 성미산마을 축제는 외부의 도움 없이 그야말로 참여자 중심, 주민 중심으로 기획되고 주민의 자발적 참여로 준비해 진행되잖아요. 축제가 마을 커뮤니티 활성화에 상당한 역할을 하고 있는 것 같던데요.

유창복 | 요새는 살기 바빠서 다 집에 들어가면 안 나오고, 텔레비전만 보고, 모여도 스마트폰만 보고 있지 않습니까, 모여 있어도 함께 관계 맺지 않는 겁니다. 사람들이 마음 편하게 관계를 맺는 데는 술 먹고 노는 게 최고이긴 하죠. 근데 술을 아무나 하고 먹을 순 없지 않

습니까? 축제는 아무나 하고 마음을 열어 놓고 관계 맺을 수 있는 가장 효과적인 방법입니다. 그 동네 살아도 되고, 살지 않아도 상관없어요. 그리고 구경만 해도 되고, 무대에 서도 되고, 아니면 축제를 준비하는 역할을 해도 됩니다. 어떠한 역할을 하든지 간에 자기가 아닌 다른 사람들과 이야기를 하고, 관계를 맺고, 협동을 할 수밖에 없기 때문에 축제만큼 마을만들기에 중요한 계기가 없다고 생각합니다.

노희용 | 일상의 축제와 함께 성미산마을에서 가장 중요한 의미를 차지하는 공간이 마을극장인 것 같습니다. 이젠 정말 밥만 먹고는 못 사는 시대잖아요. 예전에는 끼니 해결이 최고의 걱정이었다면 지금은 외로움, 고독, 불안, 관계에 대한 결핍, 이런 게 더 사람을 힘들게 하잖아요. 요즘은 굶어 죽는 사람보다 자살하는 사람이 훨씬 많을 겁니다. 인간의 그런 내면적 결핍을 채워주는 게 문화이고 관계잖아요. 문화와 관계를 꽃 피우는 공간으로서 마을극장이 갖는 의미가 적지 않죠?

유창복 | 마을극장은 문화와 관계뿐만 아니라 교육적 의미도 큽니다. 요즘 아이들 예술교육에 부모들의 관심이 많은데, 대체로 레슨을 통한 기예를 습득시키는 방식으로 이루어집니다. 우리가 아이들에게 주어야 할 것은 기예가 아닌 예술적 감수성이죠. 〈빌리엘리어트〉나 〈시네마천국〉이라는 영화를 봐도 그렇습니다. 일상의 이웃과의 관계 속에서 아이가 예술적 감수성을 몸에 쌓게 됩니다. 그러다 어떤 아이는 소질을 발견해서 예술가가 되기도 하겠죠. 이런 일상적인 예술적 감수성을

계단에 앉아 마을을 이야기했다. 마을공동체는 여러 관계망으로 얽힌 주민들이 함께 힘을 합쳐 계단을 오르는 것과 같다.

익히는 것은 가정에서 시작되어야 합니다. 하지만 요즘 집안환경은 어떻습니까. 나 살기 바빠서 따로따로 뿔뿔이 삽니다. 그래서 마을에서 이뤄지는 거죠. 극장을 중심으로 아이들이 오카리나를 3개월 배우고, 주민들 앞에서 공연을 합니다. 서툴러도 상관없습니다. 우리 동네 아이, 우리 친척, 우리 가족이 공연을 할 때 우리는 잘하고 못하고가 아니라 무대에 서서 열심히 하는 그 모습에 감동을 받고, 더 잘 하라고 격려를 하는 거죠. 그렇게 무대에서 박수를 받아본 아이들은 진짜 무대에서 박수를 받는다는 게 어떤 의미인지를 몸으로 깨닫게 됩니다. 예술을 통한 소통을 몸에 익히는 거죠. 성미산마을극장은 마을 안에서 아이와 어른들이 예술을 매개로 소통하는 감수성과 그 방법들을 함께 익혀 나가는 공간입니다.

노희용 | 마을공동체를 만들다 보면 거점이 필요하잖아요. 옛날로 치면 마을회관이나 정자나무 같은 곳이 그런 공간이죠. 성미산의 마을극장도 그런 구심점의 의미가 강한 것 같아요. 거기서 전시도 하고, 강의도 하고, 공연도 하고, 그러면서 주민들의 관계가 단단해 졌을 것 같습니다. 마을공동체 회복에 있어 거점과 그곳에서 이루어지는 문화활동이 갖는 의미는 뭘까요?

유창복 | 성미산마을의 전반부는 아이를 함께 기르기 위해서 어린이집을 만들고, 그 아이와 어른들이 깨끗한 먹거리를 위해 생협을 만들고, 누군가가 조리한 것을 나눠 먹기 위해서 동네부엌을 만들고, 밥

도 함께 먹기 위해 식당을 만들고, 이렇게 진짜로 도시에서 살아가는데 꼭 필요한 필수품을 해결하기 위해 마을을 만들었습니다. 그런데 그렇게 한 20년 가까이 되니까 아이들이 크고 어른들만 덩그마니 남습니다. 그 어른들이 이제는 아이의 육아로부터 조금 떨어져서 노후를 보내야 해요. 인생 후반전을 위해서 스스로 즐겁고 삶의 활기를 찾아야 할 필요가 있었던 거죠. 성미산마을극장은 바로 그 어른들이 예술 동아리를 만들면서 합창도 하고, 연극도 하고, 록밴드도 하고, 이렇게 함께 예술 활동을 하면서 인생후반전의 윤택한 삶을 유지하는 공간입니다. 그래서 그동안 아이 기르고, 생협하면서 필요에 의해 맺어진 관계망이 이젠 조금 더 다양한 방식으로 씨줄 위에 날줄이 얽히는 관계가 만들어지는 겁니다. 이게 예술을 통한 마을의 재구성이라고 이야기할 수 있습니다.

마을, 전문가를 키워내는 예술인촌

노희용 | 성미산마을에는 이름만 대면 아는 예술가들이 많이 모여 살더라고요. 내부적으로 축적된 힘이 있어서인지 '춤추는 숲' 이나 '어떤 개인날' 처럼 성미산마을의 지역적인 관계망에 기반을 둔 문화예술작품들도 상당수 제작됐고요. 그런 문화 생산 활동들이 대중문화의 수동적인 소비자에서 벗어나 마을주민들을 문화예술의 생산 주체로 만드는 것 같던데요.

유창복 | 그렇죠. 아마추어지만 극장에서 전시도 하고, 연극도 하고, 합창도 하고, 그 관객이 비록 동네 사람들이지만 프로 못지않은 열정과 성의를 다해서 공연을 합니다. 아마추어지만 예술적 몰입도가 대단히 높습니다. 그 자체가 바로 예술적 성취도를 가늠하게 만드는 것이죠. 그래서 우리는 단지 프로들이 잘 하는 것을 보고 즐기는 것에 그치지 않습니다. 프로들은 잘 하면 잘 할수록 나와 멀어집니다. '아, 저건 아무나 하는 게 아니구나, 우리들이 감히 할 수 있는 일이 아니구나!' 하고 느끼는 겁니다. 하지만 아마추어들의 공연은 잘 하면 잘 할수록 나도 하고 싶어진다는 겁니다. 나도 저 여편네보다 잘 할 수 있을 것 같고, 저 양반보다 잘 할 수 있을 것 같고, 이렇게 샘이 좀 나면서 내 몸 안에 있는 예술혼이 자극되고 일깨워지는 것이죠. 프로들의 예술에 의해 소비자로 계속 고정되는 것이 아니라 동네 사람의 예술을 보고 나도 예술가로 참여하게 됩니다. 그래서 동네 사람 모두가 예술의 소비자이자 생산자이고, 심지어는 예술활동을 기획하는 기획자 역할까지 하게 됩니다.

노희용 | 성미산마을에는 카페나 식당 등 주민들의 공동참여로 운영되는 곳들이 많습니다. 소설가 임철우의 소설 『그 섬에 가고 싶다』엔 마을의 공동공간인 마을샘터가 중요한 상징성을 갖습니다. 우물이 밥 짓는 물을 긷거나 밀린 빨래를 해결하는 생활의 공간이기도 하지만 마을의 무수한 소문과 정보들이 집결하는 곳이지요. 옛날 마을의 공동우물들은 모두 그런 기능이 있었죠. 공동우물에 담긴 소통의 미

학이랄까요, 근데 성미산마을의 카페나 식당들이 꼭 옛날의 공동우물 같은 기능을 하는 것 같아요.

유창복 | 정확하게 보셨습니다. 예전에는 마을회관에서 모이고, 우물가에서 수다 떨고, 주막에서 술 한 잔 했다면 도시에선 그게 다 상업적인 공간으로 흩어져 버렸잖아요. 거기에 마을 사람이 있지 않고, 돈이 있어야만 갈 수 있고, 또 먹고 나오면 관계도 그걸로 끝입니다. 함께 갔던 몇 사람만의 관계만 유지되는 공간이지만 성미산마을의 식당이나 카페는 동네 사람 모두가 지나다니면서 언제든 사람을 만날 수 있는 예전의 우물가 같은 그런 공간입니다. 현재적 의미로서 카페와 식당 같은 대중적인 공간은 마을관계 형성에 대단히 중요한 가교역할을 합니다.

노희용 | 요즘 도시, 무섭죠. 도시는 불안과 두려움이 일상화된 위험사회입니다. 아무래도 사람들이 전부 개인으로 파편화 되면서 스스로 불안을 자초한 측면이 없지 않아 보입니다. 마을만들기를 통한 마을공동체 회복이 가져다주는 가장 큰 위안이 사람과 사람 사이의 신뢰 회복인 것 같습니다. 그 신뢰가 아이를 혼자 밖에 내보내기도 무서운 도시의 위험 요소들을 줄여 나가는 것이죠.

유창복 | 어떤 범죄학자가 이런 조사를 했어요. CCTV로 범죄를 줄일 수 있을까? 어떻게 생각하십니까? 줄일 수 있을까요? 저는 없다고

생각하고, 그 연구 결과도 '없다' 였습니다. 물론 계획범죄를 줄일 수는 있다고 합니다. 그러나 일반 사람들이 저지르는 일상범죄는 대체로 우발적 범죄입니다. 우발적 범죄는 CCTV와 상관없이 범죄가 이루어집니다. CCTV가 있으면 그 범죄의 범인을 검거하는 데는 대단히 효과적입니다. 그런데 내 아이가 이미 다쳤는데, 검거하면 무슨 소용 있습니까? 다치는 일이 생기지 않아야죠. CCTV로는 일상에서 벌어지는 여러 일상범죄를 막는 데 한계가 있어요. 가장 훌륭한 감시는 동네 사람들, 이웃들의 눈입니다.

제이콥스라는 유명한 도시학자가 쓴 책을 보면 이런 내용이 있습니다. "어느 한 낯선 이가 동네에 들어섰다. 순간 꽃집 아저씨, 2층의 백수 아저씨, 슈퍼 아줌마가 약속이나 한 듯이 낯선 사람을 주시했다. 그 낯선 사람은 아이와 대화를 하고 있었는데, 잠시 대화하다가 주변의 시선을 따갑게 느끼고는 슬그머니 사라졌다." 이런 장면을 묘사를 했습니다. CCTV가 아니고 주변 이웃들의 관심이 담긴 감시의 눈길이 바로 그 아이를 보호했다는 것이죠. 아이들이 가장 안전한 공간을 어딜까요? 자기 부모와 친구의 부모가 막 수다 떨고 함께 놀고 있는 바로 그 시선거리에 자기 친구들과 놀고 있을 때 가장 안전합니다.

마을 재생, 행정이 할 일은 마중물

노희용 | 우리 동구에 보물이 하나 있습니다. 기차가 떠나고 시민들이 물려받은 폐선부지라는 유산이죠. 그걸 '푸른길' 이라고 부르는

마을재생을 위해 행정이 할 일은 뭘까? 유창복은 마중물 역할이라고 단언했다.

데, 도심의 허파 같은 기능을 합니다. 성미산 같은 거죠. 도심의 주차장이 될 뻔했는데, 성미산처럼 시민들이 지켜냈죠. 푸른길은 동구의 중앙을 가로지르며 종과 횡으로 삶의 문화를 이어줍니다. 다만 지금은 주민들이 산책을 하는 허파의 기능에 머물러 있는데, 푸른길을 마을공동체 활성화와 연계하고 싶은 게 제 욕심입니다. 그 방법론을 묻고 싶습니다.

유창복 | 백수들에게 그 공간을 주면 가장 좋을 거 같은데요. 가장 대표적인 백수인 예술가들에게 그 공간에서 마음대로 놀아보라고 줘보세요. 대신 성과를 요구하지 말고요. 다만 행정에서도 규칙이 있으

니 1년이고, 2년이고 보장할 테니 놀아봐라, 필요하면 이 정도까지는 도와줄 수 있겠다고 제안해 보세요. 아마 생각했던 그 기간보다도 훨씬 빨리 무엇인가를 만들어내고 벌써 딴 동네 사람까지 끌어 들여서 판을 벌리고 있을 겁니다. 상상력이 있고, 하고 싶은 욕구와 의욕이 있는 사람들에게 판을 깔아 주는 것, 저는 이것이 행정이 해야 할 역할이라고 생각합니다.

노희용 | 도심재생의 관점에서 마을만들기에 대한 관심이 무척 높아지고 있습니다. 특히 광주 동구는 도심공동화가 심한 구도심이여서 도심재생이 시급합니다. 해외 사례 중 제가 도심재생 모델로 관심을 갖고 있는 곳이 뉴욕의 '하이라인 파크' 입니다. 동구의 폐선부지처럼 거기도 뉴욕 주위를 순환하며 화물 수송을 담당했던 버려진 철로를 활용해 현대적인 공원을 만들었죠. 그 폐선부지에 건물을 올리지 않고 산책로를 만들고, 낡은 창고와 건물을 활용해 갤러리를 만들고요. 그렇게 해서 버려졌던 지역이 되살아났습니다. 또한 저는 성미산마을과 '한국의 산토리니' 로 불리는 부산 감천문화마을 등 국내 사례도 세심히 들여다보고 있습니다. 이른바 '후발자의 이익' 을 얻는 셈이지요(웃음).

유창복 | 해외사례도 필요하지만 내가 살고 있는 곳이 가장 훌륭한 모델이라고 봅니다. 세상에 똑같은 것은 없어요. 모든 것이 '케이스 바이 케이스' 죠. 성미산마을의 성공적인 사례를 누가 베낄 수 있겠습니까? 다만 방법론적인 고민이 있겠죠. 많은 도시들이 원도심 쇠퇴에

대해 큰 고민을 안고 있습니다. 그런데 그 문제를 해결하려는 접근방식이 좀 후져요. 먼저 쇠퇴지역을 딱 그려놓죠. 그리고는 거기에 뭐가 부족한지 따집니다. 전문가의 시선으로 내려다보면서 부족한 것들을 가려내는 거지요. 그렇게 재생방식을 정하고 정책자금이 들어갑니다. 마스터플랜적 접근이죠. 거기서는 주민이 안 보입니다. 주민을 재생의 수혜자로 치부해 버립니다. 이런 접근방식은 다 실패할 수밖에 없어요. 건물은 짓지만 살 사람이 없고, 프로그램을 운영할 주체가 없는 거죠. 이건 밑 빠진 독입니다. 발상을 바꿔야 합니다. 주민이 수혜자가 아니라 재생의 주체로 보고, 그들이 무엇을 하고 싶고, 할 수 있는지 파악해야 합니다. 주민의 역량에 따라 계획을 세우고 지원을 해야죠. 이게 경과적 실천이고, 누적적 플래닝의 방법론입니다.

노희용 | 마을만들기는 장기적 안목으로 접근해야 할 문제인 것 같습니다. 당장 눈에 보이는 성과를 낼 수 있는 게 아니잖아요. 성미산마을도 20년에 걸쳐 자체 진화를 거듭하며 지금에 이른 거잖아요. 마을만들기는 최소 10년을 바라보며 큰 흐름으로 뚜벅뚜벅 걸어야 할 것 같은데 그러려면 결국 주민들의 내부동력이 먼저 길러져야 하겠죠?

유창복 | 정말 중요한 지적인데, 마을은 주민들이 스스로 필요에 의해서 만들어갈 때 가장 올바르게 진행됩니다. 특히 임기제 기관장의 경우 임기 기간에 성과를 내려고 과도하게 위에서 아래로 지시하듯이 밀어부칠 가능성이 큽니다. 이른바 관 주도의 부작용입니다. 저

책 속에 길이 있고, 관계가 있다. 마을공동체를 귀환시키는 일도 공부로부터 시작된다.

는 무리하게 행정의 속도를 주민들에게 강요하지 않았으면 합니다. 마을에서 살기가 어렵습니다. 다 살기 바쁘고, 여유를 가질 수가 없죠. 행정이 약간의 자원, 약간의 계기, 약간의 공간들을 지원해서 주민들이 바쁜 와중에도 가끔 만나면서 관계를 맺을 수 있도록 도와주는 것, 이걸 우리는 '마중물 지원'이라고 합니다. 처음 한 비가지를 잘 부어주고, 그 다음에는 주민 스스로가 지하에서 물을 끌어올려야 해요. 그게 바로 '주민 주도' 죠.

노희용 | 마을공동체 회복 혹은 복구는 자본주의의 한계를 뛰어넘을 수 있는 대안운동의 측면을 가지고 있는 것 같습니다. 마을공동체 운동이 도시의 원도심을 중심으로 활발하게 일어나고 있습니다. 현재 마을운동을 둘러싼 네트워크가 전국에서 작동하고는 있는데, 활성도는 그다지 높지 않아 보입니다. 일반 주민들에게 마을만들기라는 용어 자체가 낯선 것 또한 사실이고요. 마을만들기를 위한 주민교육프로그램 같은 것들이 필요해 보이는데요. 이와 관련한 성미산마을의 선험적 경험을 듣고 싶습니다.

유창복 | 성미산마을에서는 교육을 별로 안 합니다. 강사가 있고, 듣는 청중이 있는 방식 재미 있나요? 아무리 재미난 사람이 강의를 해도 한두 번 들으면 식상합니다. 오히려 성미산마을에서 이루어지는 교육은 일상 속에서 만나고, 일상의 축제를 하고, 일상의 수다를 떨고, 차를 마시고, 술 한 잔 마시면서 다른 사람들이 살아가는 이야기

를 듣고, 내 이야기를 나누고, 이렇게 해 볼까 저렇게 해 볼까 궁리합니다. '저게 너무 잘 됐는데 나도 따라해 볼래, 난 이게 너무 힘들어 좀 도와줘' 하는 거죠. 살아가면서 필요한 것들을 함께 하소연하고 궁리하고 해결해 보는 그 자체가 교육이고, 주민들의 성장과정입니다.

노희용 | '서울시마을공동체종합지원센터'를 책임지고 계시는데 센터는 마을만들기에 나선 주민들에게 어떤 지원을 해주십니까?

유창복 | 마을만들기는 행정이 혼자 할 수 없습니다. 주민이 스스로 해야 하는데, 힘에 겨우니 행정이 돕겠다는 겁니다. 그런데 도우려면 잘 도와야 합니다. 생색나게 도와야 하는 거죠. 잘못 도우면 오히려 부작용이 생깁니다. 그래서 관 주도가 아니라 주민 주도여야만 하는 거죠. 행정이 잘 하고 싶은데 민간이 일하는 방식과는 많이 다릅니다. 그래서 선의로 도우려고 했지만 오히려 결과는 나쁘게 나타나게 되죠. 제 경험적으로 보면 민과 관은 통역이 필요한 사이예요. 근데 유능한 통역사가 없습니다. 민간의 요구를 행정의 언어로 바꿔주고, 행정의 시스템을 민간이 쉽게 알 수 있도록 번역해주는 누군가가 필요한데, 그게 없어요. 마을지원센터는 바로 민과 관의 통역사 역할을 하는 거지요.

노희용 | 저는 광주 동구를 다시 살릴 핵심정책으로 마을재생에 방점을 두고 있습니다. 이와 관련해 선생님께 마을재생의 길을 묻고 싶습니다.

유창복 | 하드웨어 중심으로 보지 않았으면 좋겠다 생각합니다. 거기 이미 살고 있는 주민들이 뭐가 아쉽고, 뭘 하고 싶고, 뭘 하면 잘 할 수 있는지 들으세요. 그 사람들의 이야기를 듣고, 그 사람들이 스스로 할 수 있도록 멍석을 깔아 주고, 그 사람들이 조달할 수 없는 자원을 행정에서 조달해 주는 게 가장 중요한 방법론입니다. 이 철학만 확고하게 지키실 수 있다면 여러 가지 아이디어나 콘텐츠는 전문가들이 많아요. 단체장은 주민이 중심이 되도록 역할을 할 수 있는 환경을 만들어주면 됩니다. 그 방법론적 철학을 고집스럽게 지키고, 이걸 방해하려고 하는 여러 가지 시도를 막아주는 게 가장 중요한 역할입니다. 결국은 단체장의 인문사회학적 철학과 바탕이 있어야 지속가능한 도시재생이 실현될 것입니다. 그 재생의 핵심적 내용이 마을공동체만들기인데, 어떻게 마을공동체를 복구하고 회복시키고 싶으신가요?

노희용 | 언젠가 들은 얘기입니다만 어느 종교단체에서 끼니 걱정을 하는 이들을 위해 쌀독 하나를 마련해 뒀답니다. 그 쌀독에는 누구나 쌀을 가져다 놓을 수도, 가져갈 수도 있게 만들었지요. 주변을 의식하지 않고 쌀을 채워 넣거나 눈치 보지 않고 식량을 가져갈 수 있도록 한갓진 곳에 마련된 이 쌀독은 한 번도 빈 적이 없었다고 합니다. 일 년 내내 '한 번도 마르지 않는 쌀독'. 이것이 바로 우리들이 지향해 가야 하는 마을공동체의 전범이라고 생각합니다. 행정이란 다름 아닌 이러한 일상의 일들에 보증서는 것이어야 한다고 생각합니다. 그런 마을공동체를 꿈꾸고 있습니다.

천인天人의 마을은 어디에 있을까?

니시오 준과의 인터뷰는 푸른길과 광주극장 등 동구의 문화적 혈관들을 돌아보며 진행됐다. 그는 동구의 그 공간들에서 사람 냄새가 난다고 했다. 나는 동구에 아만토마을 같은 곳이 세워질 날을 꿈꿨다.

노희용 | 선생님이 동구에서 강연을 해 주신 게 지난 봄이었지요? 5개월 만에 다시 뵙습니다. 당시 강연은 광주 동구의 마을공동체 복원과 주민자치 활성화 방법론을 제시해 준 소중한 기회였습니다. 동구는 1970~1980년대 광주 인구의 절반 이상을 차지할 만큼 정치와 경제, 사회, 문화, 교육 등 사회 전 분야를 아우르는 핵심 도시였습니다. 하지만 신도시개발과 시청·도청 등 주요 공공기관의 이전으로 인구가 급속하게 감소했고, 도심 공동화가 심화되었습니다. 지난 5월 동구를 방문해 우리 지역의 주거문화와 생태환경을 보고 들으셨는데, 동구의 인상은 어떠셨습니까?

스스로 하고 싶은 일을 하면서 행복공동체를 만드는 사람

니시오 준 | 매우 활발하게 주거문화와 환경정비에 힘쓰고 있는 것

을 보고 놀랐습니다. 특히 빈집 재생은 주민과 행정이 일체로 움직이고 있어 머지않은 시일 안에 성과를 얻으리라 생각합니다. 동구가 도시재생의 방법론에 있어 유럽이나 일본 등 선행 사례를 연구하는 자세도 훌륭합니다. 다만 지역 활성화가 자발적으로 행해지려면 지역 활성화 자체를 행정이 지도해 주는 것이 아니라, 행정은 마을과 마을, 동구와 다른 구, 광주시와 주변 지역 사이에 어떤 역할 분담을 줘 공생하는 시스템을 만드는 것이 필요할 것으로 보입니다. 교류 순환이 계속 유지되기 위해서는 주민에게 위임하는 행정이 필요합니다. 행정은 주민의 결정을 승인하고 뒤에서 돕는 역할을 하면서 대신 큰 틀의 고민을 해야 합니다. 국내뿐만 아니라 향후 해외와의 교류협력까지 생각하며 넓게 움직이는 것이 필수입니다. 이러한 일들은 시간이 가장 많이 걸리는 일이며, 주민이 하기 힘든 일입니다.

노희용 | 아만토마을을 동구로 옮겨오고 싶은 욕심이 있습니다.(웃음) 옮겨 오는 게 불가능하니, 배워서 광주 동구 방식의 아만토마을을 만들어야겠지요. 아만토는 한자로 천인天人, 그러니까 스스로 하고 싶은 일을 함으로써 행복한 공동체를 만드는 사람이라는 뜻을 담고 있습니다. 이름에서도 아만토마을의 행동철학이 느껴집니다.

니시오 준 | 주민 모두가 개인의 꿈을 실현하려면 어떻게 해야 할까요? 바로 지금 이웃사람에게 도움이 되는 일을 반복해서 하고, 그 성과를 계속 축적해 나가야 합니다. 그 과정에서 신뢰와 함께 성장이 촉

진됩니다. 다른 사람에게 도움을 주는 이타적 유전자를 축적하는 사람이 바로 천인입니다. 천인의 세계에서는 자신과 공동체의 일을 동일시합니다.

우리 아시아인은 고대부터 전통적인 생활 안에서 이타적 유전자를 기르는 뛰어난 방법론을 이미 내재화 시켰습니다. 자신의 일과 지역의 일을 함께 생각하는 삶의 지혜가 옛 마을이 굴러가는 방식이었다고 봅니다. 그것을 지금의 시대에 맞게 재정립하여 자신의 일, 지역의 일, 세계의 일을 동시에 생각하는 일을 할 수 있는 사람이 되어야 합니다. 그게 천인이죠. 자신의 소망에 지역에 대한 일이나 세계에 대한 일을 조금씩 투영시키면서 만족감을 얻으면서 스스로가 진화해 나가는 겁니다.

노희용 | 개인이 성숙하고 성숙된 개인이 전체를 구성할 때 전체가 더불어 완성되는 논리군요. 하지만 그런 천인의 길이 하루아침에 뚝딱 만들어지는 건 아닐 것으로 생각됩니다. 선생님도 아만토마을의 성공 이전에 고향 호리에에서의 실패가 있었던 것으로 알고 있습니다. 호리에에서 방이 52개인 건물을 저렴하게 임대해 예술가들의 협동작업을 통해 거리축제까지 기획하셨지요. 1995년부터 1999년까지 5년 동안 그곳 호리에마을을 이끌었지만 거리가 활성화 되는 순간 집주인이 건물을 매각해 버렸는데, 당시 심정은 어떠셨어요?

니시오 준 | 아만토마을은 거대자본과 엄격하게 거리를 둡니다. 마

을에 자생적 토대가 없으면 자본에 의해 성과 역시 금방 무너집니다. 호리에마을을 개촌할 때부터 오너에게 지역 사회와 연결을 가져야 한다고 제안했어요. 하지만 나는 고용된 몸이었고, 오너는 생각이 달랐죠. 공동체의 복원보다 개인의 이익을 좇았던 겁니다. 호리에마을에서 여러 장르의 유명 아티스트들을 배출했지만, 시간이 지날수록 지역으로부터 고립돼 갔어요. 개인이 경쟁에 이기는 것보다 지역 전체가 이기는 편이 훌륭하다고 설득했지만 받아들여지지 않더군요. 결국 함께 일했던 동료들조차 저를 부담스러워 했고, 나가 달라고 하더군요. 결국 모두를 두고 저 혼자 호리에마을을 떠날 수밖에 없었습니다. 뒤에 호리에마을은 도쿄의 기업자본이 많이 유입돼 관광지가 되었습니다.

노희용 | 한국에도 그런 사례들이 많아요. 서울 인사동이나 강남 가로수길 같은 곳이 호리에마을과 비슷한 양상을 보였습니다. 강남 가로수길의 경우 원래 주택가였는데, 임대료가 무척 싸니까 대학을 갓 졸업한 패션 하는 청년들, 가죽공예 하는 친구들이 몰려들면서 거리가 활성화됐죠. 작은 카페들도 무수히 생겨났어요. 그런데 대기업들이 들어와서 대형 카페 같은 것을 세워버리니까 순식간에 상업 공간으로 변해 버렸습니다. 처음 가로수길에 들어왔던 학생들이 비싼 임대료를 감당하지 못해 쫓겨나 버린 거죠. 결과적으로 대기업 자본들이 거길 잠식해 버린 셈이죠.

니시오 준 | 그래서 거대자본에 의지하지 않고 스스로 책임질 수 있

는 구조를 만드는 것이 중요합니다. 마을재생도 다르지 않아요. 제가 2001년에 아만토마을에 처음 들어가 한 일이 120년이나 지난 주택을 개조해 살롱 드 아만토를 만드는 일이었어요. 살롱 드 아만토를 만드는 원칙은 딱 하나였습니다. 마을에 버려진 물건들을 재활용하는 것, 어떤 것도 새것은 쓰지 않았어요. 마을에 버려진 가구와 폐건축 사새들을 주워와 공사를 진행했지요. 하다못해 무수하게 많이 사용된 못

동명동 주민커뮤니티센터로 가는 길.

도 전부 재활용했습니다. 녹슨 못을 뽑아 망치로 펴고 다시 박았어요. 그래서 살롱 드 아만토가 문을 열기까지 무척 오랜 시간이 걸렸죠.

노희용 | 살롱 드 아만토라는 공간 자체가 아니라 그 공간이 만들어지는 과정을 즐겼던 거군요. 과정 안에서 가장 중요한 게 관계 맺기인 것 같습니다. 결국 혼자 이룰 수 있는 일은 아무것도 없으니까요. 처음엔 그저 낯선 이방인이었을 텐데, 마을 사람들과의 관계는 어떻게 맺어 가셨어요?

니시오 준 | 관계를 위해 특별히 한 게 없습니다. 살롱 드 아만토를 만드는 과정이 이웃과 관계 맺기였으니까요. 오랫동안 질기게 공사가 진행되니까 주민들이 관심을 가져요. 처음엔 뭐 하는 거냐며 묻고 지나치던 단순한 호기심이 나중엔 필요한 것이 뭐냐고 묻는 적극적인 관심으로 변했어요. 그리고는 주민들이 제가 원하는 것을 가져다주기 시작했습니다. 어떤 사람은 가구를, 누구는 책장을, 누구는 의자를, 누구는 컵을…, 결국 살롱 드 아만토는 주민들과 함께 지은 셈이 됐어요. 건물을 리모델링했지만 거기 들어간 자재는 원래 마을에 있었던 것입니다. 긴 시간 살롱 드 아만토를 만드는 과정을 통해 주민들과 친해지고, 마음으로 소통을 했어요. 돌아보면 가장 의미 있는 시간이었죠. 살롱 드 아만토에 놓인 물건들은 대부분 주민들이 가져다 준 겁니다. 그래서 가구들의 모양도 전부 달라요. 법률적으로 살롱 드 아만토는 나의 것이지만 실제로는 주민 모두의 것입니다.

노희용 | 마하트마 간디의 책 『마을이 세계를 구한다』를 보면 '미래 세계의 희망은 모든 활동이 자발적인 협력으로 이뤄지는 작고 평화롭고 협력적인 마을에 있다'는 말이 나오는데요, 결국 도시재생이라는 것도 공동체의 복원이 핵심인 것 같습니다. 공동체는 또 나눔과 소통으로 엮어지는 것이기에 무엇보다 지역과 밀착하는 게 중요한 것 같습니다. 아만토마을의 자발적인 협력은 어떤 방식으로 이루어지는지 궁금합니다.

니시오 준 | 사람은 결국 자기 필요에 의해 뭉칩니다. 지역밀착이 결국 자발적인 협력을 낳는데, 지역 사람 모두에게 인식되어 있는 문제를 해소하는 게 핵심입니다. 조금 구체적으로 덧붙이면 주민 모두가 여름축제를 돕거나 초등학생들에게 주스 한 잔을 무료로 주는 겁니다. 지역 맞벌이 부부의 아이를 맡거나 거동이 불편한 노인들의 쇼핑도 돕습니다. 마을이 곤란해 하는 문제를 함께 고민하고 해소해 나가는 게 마을자치입니다.

불편한 문제에 대한 개선을 제안하는 것도 중요합니다. 지역 전체의 방범과 방재에 대한 인터넷 대처나 지역 활성화를 위한 이벤트를 서로 제안합니다. 해소하고 제안한 다음엔 지금까지 마을에 없었던 것을 제공합니다. 국제 교류나 해외 이벤트 유치, 교환 유학, 주변 근교농업과의 제휴에 의한 무농약 야채를 제공합니다. 자기에게 이익이 되니까 결국 자발적 협력이 자연스럽게 싹 틉니다.

낡은 한옥과 단독주택이 시간의 지층처럼 쌓여 있는 동구.

아만토마을의 최고 가치는 선순환 경제

노희용 | 아무리 공동체적 이상이 커도 결국 먹고 사는 문제가 해결되지 않으면 아무것도 이룰 수 없는 것 같습니다. 그래서 맹자는 항산恒産이 있어야 항심恒心이 있나는 말을 했잖아요. 실롱 드 아민토를 거점으로 시작됐던 아만토마을에 현재는 무수히 많은 가게들이 있습니다. 독립영화 전용 극장과 천연예술연구소인 전용 공연장도 있고 작은 바(bar)들, 갤러리, 채식 레스토랑, 접골원, 점성치유센터, 서점과 라디오방송국, 게스트하우스의 기숙사도 운영되고 있습니다. 마을 구성원이 운영하는 모든 점포를 수익을 내기는 어려울 것 같은데, 합리적인 분배의 원칙이 필요할 것 같습니다.

니시오 준 | 당연히 업종에 따라 수익을 낼 수 있는 곳도 있고, 낼 수 없는 곳도 있습니다. 전체를 유지하기 위해 아만토마을에서는 독특한 방법을 실천하고 있어요. 가장 최초로 만든 살롱 드 아만토는 전원 무급으로 일하는 대신에 지역통화인 아만토 화폐로 포인트를 받고, 그 포인트로 장소를 빌리거나 교실을 운영하거나 자신의 비즈니스를 전개합니다. 지역 통화는 정부의 돈과 구분됩니다. 지역통화가 있어 일반 점포들은 인건비에 해당하는 돈은 유보금으로 남겨둘 수 있습니다. 노동력을 제공한 지역통화를 보험처럼 사용해 프로젝트 적자를 보충할 수 있고, 망가진 것을 고치거나 때로는 새로운 것을 살 수 있습니다. 만약 젊은 주민들이 지역이나 세계를 위해 어떤 프로젝

트를 진행하려 한다면 마을 적립금에서 출자를 받을 수 있는데, 상환 의무는 없습니다.

노희용 | 아주 독특한 방법인 것 같은데, 지역 통화는 아만토 지역에서 사용되는 전체 화폐의 어느 정도를 차지합니까?

니시오 준 | 30% 정돕니다. 지역 통화에는 유효기간이 있어요. 현금과 달리 가지고 있으면 조금씩 가치가 감소되는 역이자 시스템이에요. 한 달이나 두 달이 지나면 자동적으로 화폐로서의 효력이 정지되는 거죠. 화폐를 쌓아두지 않고 순환시키는 장치입니다. 자연에 있는 모든 것은 기간이 지나면 썩어 줄어들어 가는데, 인간이 만들어 낸 현금만이 이자로 증가해 가는 것이 모든 악의 근원이라고 생각합니다.

아만토마을의 주민은 서로 하나의 경제구조로 묶여 있어요. 서로 소비하면서 동시에 공급하죠. 일을 해서 번 돈을 써야만 내부 순환적인 자급자족적 거래가 완성됩니다. 아만토 화폐를 한두 달 안에 사용하게 함으로써 자본의 순환을 촉진시키는 거죠. 모두가 벌기만 하고 쓰지 않으면 지역경제는 막힙니다.

노희용 | 아만토마을에서는 '일일 일선제'를 운영하고 있는 것으로 압니다. 하루에 1번 선행하자는 취지로 만들어졌고, 1번 선행善行을 하면 1아트(art)를 지급하고 있죠. 선행은 아만토마을에 유익하고 고마운 일을 한 경우 시간에 관계없이 인정되는 것으로 알고 있습니다. 그

공동체적 선행방식의 궁극적 지향점은 어디입니까?

니시오 준 | 일일 일선은 일본의 속담입니다. 댓가를 바라지 않고 봉사하는 것은 자기 시간을 예술로 전환시키고 하늘에 돌려주는 행위입니다. 칭찬받아 마땅하죠. 아트는 교환가치가 없는 무상의 증표지요. 일일 일선을 통해 사람 사이의 관계가 돈의 가치로만 재단될 수 없다는 걸 주민들이 깨달아 가는 겁니다. 공동체 안에서 생활하고 있으면 사람은 계속적으로 타인을 관찰하며 성장합니다. 사람들은 경험적으로 어떤 사람이 어떻게 성공해 가는지를 체험 안에서 배워 갑니다. 어른이 아이의 거울인 것과 같은 이치죠. 착한 일을 해도 아트 머니를 받지 않는다는 선택사항도 있어요. 아만토 주민들은 그렇게 댓가 없는 선행을 몸으로 체득합니다. 옛말에 은덕이란 말이 있지 않습니까? 돈벌이도, 공동체 일도, 숨어 있는 덕도, 그 모두가 균형이 맞았을 때 그 사람은 진짜 지역 활성화의 달인이 됩니다.

노희용 | 항산恒産의 관점에서 아만토마을에는 독특한 수익배분원칙이 있는 것으로 압니다. 매출이 100이면 30%는 재료비와 임대료 등의 원가로, 30%는 인건비로, 10%는 점장의 급여로 지출하고 나머지 30%가 순이익으로 잡히는 구조더라구요. 특히 순이익의 1/3은 지역사회나 동북부 지진피해 지원 사업 등에 되돌리고 있다고 알고 있습니다. 수익배분원칙에서 공동체적 선善의 선순환 구조가 읽혀집니다.

니시오 준은 동구에 내재된 문화적 도시재생의 가능성에 아주 높은 점수를 줬다.

니시오 준 | 조금 더 구체적으로 설명하면 순이익의 2%는 무조건 토호쿠지방에 지원합니다. 10%는 세계 어디이건 어려움에 처한 곳에 기부하구요. 점포에서 발생한 이익은 아만토 주민 모두의 이익이라고 생각하기 때문에 모두를 위해 사용합니다. 이익을 지역이나 세계를 위한 일을 위해 활용하는 것은 주민 모두의 합의에 의해 결정됐어요.

저도 아만토마을에서 12년이 넘게 살았지만 한 번도 급여를 받은 적이 없습니다. 공동으로 유지하고, 무료로 사용할 수 있는 공간을 이용해 내 생활에 필요한 돈을 벌죠. 일종의 공동체적 복지인데, 그래서 우리들은 안심하고 순이익을 지역이나 공동체에 환원할 수 있어요. 돈은 한 번 사용하면 없어져 버리잖아요, 그러나 신용이나 신뢰는 겹쳐 쌓으면 겹쳐 쌓을수록 늘어납니다.

노희용 | 아만토마을의 모든 점포들은 독립채산제와 점장 자율책임운영제를 실시하고 있습니다. 점장 자율책임운영제라는 것이 절차적 민주주의 관점에서 보면 점포 구성원들의 의견을 묵살하는 결과를 낳을 수도 있어 보입니다. 앞서 말한 모든 이익이 공동체의 이익이라는 전체의 합의와도 위배되는 것 같고요. 유추해 보면 다양한 실험과 진통 끝에 현재의 운영방식이 결정됐을 것 같은데, 그 진통의 과정에 대해 듣고 싶습니다.

니시오 준 | 약간 모순돼 보이는 그런 측면이 없지 않을 겁니다. 사실 처음엔 직접 민주제로 전원이 철저히 서로 협의했습니다. 화장지

몇 개 살 때도 모두가 납득할 때까지 서로 협의를 했죠. 그런데 혈연 관계가 아닌 공동체에서는 책임이 중요합니다. 잘 참가하지 않다가 무책임하게 말하고 싶은 만큼만 말하고 없어지는 사람도 있습니다. 또 새로운 사람에게 지금까지의 과정을 하나하나 설명해 나가면 터무니없이 많은 시간이 걸립니다. 점포 운영은 비즈니스고, 현실 비즈니스 세계에서는 민첩한 판단과 결단이 필요합니다. 그렇지 않으면 비즈니스 찬스를 날려 버리죠. 절충점으로 도입한 게 프로젝트제입니다. 모든 프로젝트에 담당자를 둬 그 사람이 책임을 지는 범위에서 마음대로 결정할 권리를 주었습니다. 그 대신 연락과 상담구조를 주밀하게 배치해 실패의 조짐이 보이면 빨리 조정합니다.

노희용 | 아만토마을은 지금 세계적인 도시재생 모델로 인정받고 있습니다. 인지도가 높은 만큼 새롭게 마을의 주민이 되고자 하는 사람들이 많을 것으로 생각됩니다. 아만토마을의 공동체 정신이 인정을 받으면서 사회적 명성을 가진 인사들이 마을에서 강좌를 열거나 주민들과 결합해 영화를 만드는 일도 흔한 것으로 압니다. 새로운 사람을 받아들이는 마을 차원의 기준이 있나요?

니시오 준 | 기본적으로 오는 사람 말리지 않고, 가는 사람 붙잡지 않습니다. 다만 형식적인 면접이 있는데, 아만토마을의 이념과 철학을 납득하는 수준이면 모두가 합격입니다. 최근엔 영화배우를 꿈꾸면 젊은이들은 도쿄의 기획사를 찾는 것보다 아만토마을을 더 선호해요.

기획사는 경쟁이 심하지만 아만토는 누구라도 받아들입니다. 그들이 아만토에서 성장해 더 큰 무대로 나갈 때 붙잡지도 않아요. 공동체는 억압이 아닌 자유 의지 속에서 피어나죠. 중요한 건 공동체를 선순환시키는 힘인데, 혼자 하긴 어려워도 공동체 안에서는 재능이 발현되는 경우가 많습니다. 공동체가 개인의 능력을 최대치로 이끌어 주는 거죠.

노희용 | 마을공동체가 합리적으로 기능하려면 무엇보다 개인의 이기심을 경계해야 할 것 같습니다. 광주 동구의 경우 재개발을 추진하고 있는 지역이 많은데, 개인들 간의 이익의 격차가 각각 다르기 때문에 갈등이 잦습니다. 주민들 각자의 사이가 안 좋아지면 마을의 정서가 황폐해 지더군요. 살다 보면 마을의 화합에 저해되는 사람도 생기기 마련일 텐데요, 그럴 땐 어떤 조치를 내립니까?

니시오 준 | 공동체의 가장 큰 적은 도덕적해이입니다. 공동체가 가져다주는 이익만 취하고, 협력은 하지 않고, 공동체의 필요가 없어지면 뒤도 돌아보지 않고 마을을 떠나는 사람들이 종종 있어요. 그런 사람들을 무임승차한 사람이라는 의미의 프리라이더라고 부릅니다. 아무것도 하지 않고 그냥 마을에 눌러 앉는 사회적 기생자도 있고요. 이런 사람들이 이익을 보게 내버려 두면 공동체가 망가집니다. 의무를 포기하고 권리만을 누리는 일은 최악의 상황을 야기시킵니다.

먼저 공동 경영자와 당사자가 대화를 갖고 말이 통하지 않으면 나가게 합니다. 떠날 때 많은 사람들을 데리고 떠나는 경우도 종종 있어요. 그래도 '오는 사람은 거절하지 않고 떠나는 사람은 잡지 않는다' 주의이므로, 만류하지는 않습니다. 그런데 재미있는 데이터가 있어요. 그렇게 집단으로 나간 그룹들은 자체 분열과 분해, 해산을 거친 뒤 2년 정도가 지나면 주모자를 제외하고 전원이 다시 마을로 되돌아옵니다.

푸른길과 광주극장은 한국의 보물

노희용 | 광주 동구와는 근본적으로 도시 구조가 다르지만 저는 도시재생을 생각할 때 독일의 졸퍼라인을 늘 생각합니다. 졸퍼라인은 독일에서 가장 오래된 탄광이었고, 전성기에는 하루에 1만 2,000톤의 석탄을 생산했던 독일 최대의 탄광이었죠. 석탄산업이 쇠퇴하면서 졸퍼라인은 1986년 문을 닫았고, 10년이 넘게 방치됐습니다. 독일 정부와 주민들이 버려진 탄광에 박물관과 극장, 디자인스쿨, 아이스링크 같은 시설을 만들어 도시재생에 성공했습니다. 졸퍼라인은 2001년 유네스코 세계문화유산에 등재되기도 했어요. 동구는 광주의 근대문화가 유입된 통로 역할을 했습니다. 근대문화유산들도 많이 남아 있고요. 하지만 동구는, 1990년대 들어 신도시가 속속 생기면서 쇠퇴했습니다. 아만토마을이 속해 있는 오사카 지역에도 동구와 비슷한 지역이 있을 텐데, 그곳들은 어떤 방식으로 도시재생이 진행되고 있습니까?

니시오 준 | 오사카 대부분의 지역이 동구처럼 인구 유출에 따른 도심공동화를 앓고 있는데요, 니시나리구, 이쿠노구는 50년 전과 비교해 인구가 절반도 안 됩니다. 아사히구나 히가시나리구도 공동화가 심하구요. 츄오구도 같은 상황이었지만 2001년 아만토마을이 생기면서 지금은 완만하지만 V자형을 회복해 나가고 있습니다. 니시나리구나 이쿠노구에서는 구획정리나 상가활성화 정책들이 행해지고 있지만 성과는 부진합니다.

광주 동구는 도심철도 폐선부지를 공원으로 만든 푸른길이 있기 때문에 키타구의 사례를 참고할 필요가 있을 것 같습니다. 키타구 역시 폐선이 된 화물역 지역을 재개발해 공원과 상업시설을 만들어 취업자가 크게 증가했습니다. 버려진 폐선부지를 살려 도심공동화를 해결하고, 오사카에서 비교적 도시재생에 성공한 사례죠.

노희용 | 동구의 폐선부지, 푸른길은 도시의 녹색허파로서 생태적 기능과 주민 쉼터의 문화적 기능을 병행하고 있습니다. 푸른길은 특히 도시재생의 횡과 종을 넘나들면서 마을과 골목을 이어주고 교류시키는 중심축으로서 특별한 의미를 가지고 있습니다. 아직은 문화적 활용이 미진합니다. 푸른길의 활용방안을 제안해 주신다면요?

니시오 준 | 지역 회합의 장소를 만들면 어떨까요? 산책 도중에 들를 수 있고, 시민들이 만나 수다를 떠는 장소, 여러 세대들이 거기서 서로 만나 부담 없이 대화를 하는 것이죠. 저에게 물어볼 게 아니라

니시오 준은 주민 스스로가 푸른길의 문화적 주인이 되는 방안들을 조언했다.

주민들을 참여 시키세요. 푸른길에 게시판을 만들어서 주민들의 의견을 묻는 겁니다. 주민 교류를 위한 푸른길 문화이벤트 같은 걸 공모하고, 주민 주도로 이벤트를 기획하면 활력이 생길 겁니다. 참여가 주인의식을 만듭니다. 주민 스스로 푸른길의 문화적 주인이 되는 거죠.

노희용 | 아만토마을에서는 영화에 관련된 작업이 끊임없이 진행하고, 선생님도 여러 영화에 출연한 것으로 압니다. 영화라는 장르가

갖는 문화적 파급력은 상상 그 이상인 것 같습니다. 동구에는 광주극장이란 오래된 극장이 있습니다. 광주의 유일한 단관극장이며, 예술영화 전용관으로 운영되고 있지만 수익성과는 거리가 멉니다. 광주극장은 장소성과 역사적 상징으로 전시 공간으로도 활용되고, 광주비엔날레의 무대가 되기도 합니다. 다만 관객들이 많이 찾지 않아 극장이 항상 적자에 허덕이고, 대표 한 사람의 개인적 희생에 기대 운영되는 측면이 많습니다. 행정이 결합해 광주극장을 살릴 수 있는 방법이 있을까요?

니시오 준 | 광주극장을 둘러보고 깜짝 놀랐습니다. 매우 훌륭한 시설이에요. 분명하게 말해 아시아 근린제국에서 그만큼 오랜 영화관은 남아 있지 않을 겁니다. 한국의 보물이고, 아시아 영화사를 대표할 만한 건축물입니다. 일본이라면 문화재로 지정돼 사용하지 못하게 돼버리는데, 그것이 아직 현역으로 가동되고 있어 매우 놀랐습니다.

일단 광주극장에서 영화제를 개최하면 좋겠고, 영화제에는 광주가 기른 감독의 작품이 매년 노미네이트지명 되도록 만들어야 합니다. 광주극장에 영화제작학교나 연기를 가르치는 학교를 만드는 것도 좋겠고요. 아만토마을은 영화제작으로 일본뿐만 아니라 전 세계 영화제에서 주목하는 곳입니다. 동구와 아만토마을이 함께 기획해 광주극장을 무대로 영화를 찍어보는 건 어떨까요? 광주 출신 배우가 주연을 맡고, 아시아의 젊은 감독을 불러 촬영하는 겁니다. 광주극장을 주인공 삼아 광주극장에 보답하는 거죠.

오래됨은 공동체의 자산이다

노희용 | 문화적 상상력을 자극하는 제안이네요. 동구에는 한국의 전통 가옥인 한옥이 많이 남아 있습니다. 장기수 출신의 재야인사인 신영복 선생님이 계시는데 이분의 저서 『나무야 나무야』에서 징역살이할 때 만난 목수 노인의 이야기를 전하고 있습니다. 목수 노인이 땅바닥에 집을 그리는 것을 보고 심한 충격을 받았다는 거지요. '지붕부터 그리는 우리들의 순서와는 거꾸로였습니다. 그는 먼저 주춧돌을 그린 다음 기둥, 도리, 들보, 서까래, 지붕의 순서로 집을 그렸습니다. 일하는 사람의 그림이었습니다. 세상에서 지붕부터 지을 수 있는 집은 없습니다.' 라는 구절인데, 사람도 마찬가지인 것 같습니다. 한옥은 사람의 성품과 닮아 있습니다. 여름에 시원하고 겨울에 따뜻하죠. 사람이 원하는 집의 기온과 같아요. 한옥의 주재료인 나무와 흙은 콘크리트처럼 닫혀 있지 않아요. 항상 열려 있으며 밖과 소통합니다. 사람의 눈으로는 보이지 않는 미세한 구멍을 통해 흙과 나무는 숨을 쉽니다. 한옥 안에 있는 사람도 숨을 쉬죠. 동구에 비어 있는 한옥들을 문화적 거점으로 재구성할 활용방법을 모색하고 있습니다.

니시오 준 | 현재 박성현 씨가 운영하고 있는 '신시와' 가 '한옥 재탄생' 의 좋은 모델이 될 것 같습니다. 저도 몰랐지만 박성현 씨가 신시와를 만들기 전 아만토마을을 방문한 적이 있더군요. 저는 해외 공연 때문에 만나지 못했지만, 어쨌든 광주와 저는 정말 인연이 깊은

항상 열려 있으며 안과 밖이 자유롭게 소통하는 한옥. 무너진 한옥에 시간의 문화가 담겨 있다.

것 같아요.

한옥은 정말 우수한 건축물입니다. 다만 골목 안에 비어 있는 한옥들은 방범과 방재 면에서 아주 취약합니다. 그렇다고 그걸 부수고 정비하면 시간의 문화까지 사라집니다. 아만토마을에서 실행해 큰 효과를 본 방법인데, 일부 한옥을 고쳐 주민들이 모이는 커뮤니티의 공간으로 사용하면 좋겠다는 생각을 합니다. 예컨대 거기서 전통요리 만들기 체험행사 같은 것을 열면 버려졌던 한옥이 배움의 장소로 다시 태어납니다. 그런 행사에 노인들을 초대해 음식을 만들게 하면 한옥이 하나의 거점이 돼 지역내에서 세대 간의 연결고리 역할도 하게 됩니다. 서로 다른 세대가 같이 즐기면서 교류가 깊어지는 거지요.

노희용 | 동구는 광주에서 노인 인구가 가장 많습니다. 니시오 준 선생은 늘 어르신들에게 그들의 실천적 지혜를 배우려고 노력하고 있는 것으로 압니다. 마을공동체가 활력을 얻으려면 세대 간의 조화로운 동행이 무엇보다 중요한 것 같습니다.

니시오 준 | 후쿠시마 원전사고가 일어났을 때 일본에서 놀라운 일이 일어났어요. 65세 이상의 은퇴한 전

과학자들이 방사능 오염지역에 들어가 자발적으로 활동한 겁니다. 살 수 있는 날이 많지 않은 노인들이 사회를 위해 무언가를 하고 싶어 했고, 그 마음이 방사능 오염지역으로 들어가는 살신성인의 실천행동으로 나타난 겁니다. 노인들은 자기들의 희생으로 만인의 삶을 지켜주려 했던 거죠.

전통을 모르는 젊은이들은 낡은 도구나 낡은 집은 이해할 수 없습니다. 하지만 전통의 공간에는 조상들로부터 길러 온 지혜나 기술이 많이 포함돼 있죠. 노인들은 대가가 주어지지 않더라도 자신이 선 경험한 것을 다음 세대에게 전하고 싶어 합니다. 저는 마을 노인들의 그런 아름다운 정신을 자꾸 대하다 보니 노인에 대한 존경은 해야 하는 것이 아니고, 해버리는 것이라는 걸 알게 됐습니다.

노희용 | 옥스퍼드대학교 정치학 교수인 프리드리히스는 "머지않아 세계는 과감하게 변모해 지역공동체에 기반을 둔 전통적인 생활로 돌아가지 않을 수 없다"고 말하고 있습니다. 그 진단에 동의한다면 우리 동구는 그러한 공동체 사회를 형성할 수 있는 조건에 부합한 지역이라고 볼 수 있습니다. 무엇보다 인생의 경륜과 지혜가 깊은 어르신들이 오랫동안 정주하는 마을공동체가 아직은 살아 있기 때문입니다. 오래된 마을, 오래된 동구가 품고 있는 '전통적 예지'를 체계화해 도시재생을 어떻게 이루어낼까 고민이 많습니다. 마지막으로 동구의 단체장인 제가 우리 구의 도시재생을 위해 어떤 가치를 우선하면서 행정을 끌어가면 좋은지 조언 부탁합니다.

니시오 준 | 동구의 상황을 제가 자세히 공부한 바 없기 때문에 무어라 말할 입장은 아닌 것 같습니다. 다만 지역 활성화는 땅의 역사나 문화와 보폭을 맞춰 독자적으로 발전해 나가는 것이라고 생각합니다. 그것은 생태계와 같습니다. 열대에는 열대의 문화에, 한대에는 한대의 문화에 기인한 커뮤니티가 형성됩니다. 공동체 구성원들에게는 늘 어려움이 따르기 때문에 단체장이 의식적으로 공동체를 이끌어 나갈 필요가 있습니다. 여기에 교육은 반드시 필요한 거죠. 일본에 '향육' 이란 말이 있습니다. 세상에 완벽한 사람은 없죠. 서로가 서로의 교사가 돼 가르치는 것을 의미합니다. 향육 속에서 공동체는 진화합니다. 원도심으로서 동구가 인구도 적고 고령화와 공동화가 심한 것이 약점이기도 하지만, 앞으로는 강점이 될 것입니다. 인구가 적다는 것은 약점이 아니라 의사결정의 단일화와 결집력을 높일 수 있기 때문에 지역사회의 큰 자산일 것입니다. 고령화 또한 약점이 돼서는 안 될 것입니다. 앞서 말씀하신 '전통적인 예지력' 이 깊은 분들이 많다는 것은 공동체의 자산입니다. 그분들과 함께하시면 생각지 못한 아름다운 일들이 일어날 것입니다. 지역공동체에 기초한 협동사회를 꼭 만들어 보시기 바랍니다.

광주 동구, 살아 움직이는 박물관

_전고필

아시아문화중심도시, 동구는 뭘 준비해야 하나?
문화, 사람만이 희망이다
동구, 광주청년들의 비빌 언덕
한 사람이 박물관이다

문화중심도시는 소비가 아니라 생산이다
_황지우

민주인권평화기념관, '채우되 빈 듯하다'
아시아문화전당, 개관에 맞춘 돌진이 문제다
황지우, '또라이 목민관'에 반하다

5·18의 기억, 아시아 문화의 꽃이 되라
_쭝 찌아오

1914화산문화지구, 문화를 통한 마을의 귀환
아시아 문화 정체성1, 민중들의 시대정신을 공유하는 것
아시아 문화 정체성2, 아픈 시대적 기억을 현재화하는 것
아시아 문화 정체성3, 주민들의 자발적 문화 감수성

광주 동구, 살아 움직이는 박물관

전고필 팀장과의 인터뷰는 구시청의 허름한 식당에서 진행됐다. 손맛이 깊고, 음식에서 사람의 정이 느껴지는 집이었다. 웅숭깊은 음식의 맛, 평생 다져진 손의 내공, 그것이 동구의 문화였다. 문화는 멀리 있지 않다. 모든 삶이 문화다.

노희용 | 사실 지금은 아시아문화중심도시가 광주를 얼마만큼 변화시켜 놓을지 짐작하기 어렵습니다. 아시아문화전당이 2015년에 개관하니까 거대 문화시설의 뚜껑이 열리는 날도 얼마 남지 않았어요. 아시아문화중심도시의 핵심 시설을 품고 있는 지역이 동구잖아요, 문화전당이 개관하면 동구의 미래 가치를 문화에서 찾아야 할 것으로 보입니다. 개관까지 이제 1년 6개월 정도 남았는데, 우리 동구에서는 무엇을 준비해야 할까요?

아시아문화중심도시, 동구는 뭘 준비해야 하나?

전고필 | 알아야 면장한다고 하잖습니까? 먼저 전당의 핵심 기능들을 잘 살펴보고 그에 부응하는 전략이 필요해 보입니다. 제가 볼 때 크게 3트랙의 운영으로 내부 상근자에 대한 전략과 방문객에 대한 응대 전략, 다른 구나 인접 전라남도와 공존전략이 병행되어야 한다고

생각합니다. 그중 선행되어야 할 것은 전당에 상근하는 인력을 위한 여건 조성이 먼저 준비되어야겠지요. 국내외의 전문 인력 300여 명 정도가 지역으로 유입되면, 이들이 다른 지역에 거주지를 구하도록 방치할 것인지, 동구 내에 생활할 수 있도록 할 것인지에 대한 대책이 강구되어야 합니다. 자연스럽게 수혈되는 젊고 역동적이면서 국제적 네트워크를 가진 전문가들이 동구라는 공동체에 어떻게 스며들게 할 것인지에 대한 방법은 대덕연구단지로 들어가는 연구인력이나 세종시로 들어가는 행정인력, 혁신도시로 입주하는 인력들의 사례를 벤치마킹하여 준비하는 것이 빠른 방법일 것 같습니다. 우선 그들이 필요로 하는 것이 무엇인지 알아야죠. 주거환경인지, 교육인지, 의료인지, 문화향유인지, 자연환경과의 친화성인지, 접근성인지, 공동체성인지 연구하고 대응하는 것이어야 되지 않을까요?

노희용 | 현재로서 제가 가지고 있는 가장 큰 고민이 방금 말씀하신 방문객에 대한 전략입니다. 전당을 방문한 사람들이 어떻게 동선을 이어갈 것인지에 대한 세밀한 코스 개발과 정보 제공, 안내 메뉴얼이 필요해 보입니다. 아무래도 전당에 체류하는 시간이 긴 방문객들은 전당 내에서의 식사보다는 전당 밖으로 나와 맛의 고장 광주의 음식을 체험하고자 하겠죠. 이런 분들을 위한 음식메뉴의 개발, 식당환경의 개선, 정보 제공 등은 말할 것도 없고, 광주를 쇼핑할 수 있는 기회 제공도 동구가 해야 할 일로 보입니다. 숙박시설, 즉 방문객들의 요구에 부응하는 이른바 '나이트 라이프' 방안도 함께 고민해 보고 있어요.

전고필 | 아시아문화전당 투어가 끝났다면 방문객들의 관심사는 자연스럽게 광주로 옮겨질 겁니다. 그들의 발길을 동구에 묶어두는 전략이 필요합니다. 과거의 관광 패턴이 점을 찍고 갔다면, 최근 관광은 선을 그으며 갑니다. 동구는 점과 선의 관광 대상지를 넘어 면을 꼼꼼히 보고, 느끼고, 만지고, 가져가는 매력물이 되어야 합니다. 예컨대, 전당의 민주평화교류원에 방점을 찍고 온 방문객이라면 교류원을 통해 느낀 5·18과 관련한 역사의 단면을 현장에서 직접 느낄 수 있도록 초대하는 거지요. 5월항쟁의 아픔이었던 주남마을의 현장으로 모셔오는 것이고요. 이를 통해 당시의 현황과 잊지 말아야 할 역사를 더욱 깊게 느끼고 갈 수 있도록 여건을 만들어야 할 것입니다. 조선대학교, 녹두서점, 구MBC 등 오월길을 탐방할 수 있게 도와 드리는 것이 필요하다고 보고요.

노희용 | 결국 동구가 지닌 문화와 생태적인 매력물들을 유의미한 자원으로 이끌어야 되겠군요. 도심 속의 녹지이자 시민의 힘으로 구축된 푸른길 같은 자원을 살려야 한다는 말씀이시죠? 최근에 들어서 도시재생에 관한 특별법이 시행되면서, 사회혁신 및 도시재생에 관한 담론과 실천이 확장되고 있습니다. 동구는 지금 빈집 등을 활용해 지역 공동체 회복의 장, 직접 민주주의 실천의 장이며 문화로 소통하며 삶의 질을 향상시키는 문화사랑방과 같은 곳으로 가꾸어 나가는 전략을 세우고 있습니다. 아시아문화전당과 연계된 문화 거점지역을 만들려고 하는데 지혜를 나누어 주십시오.

전고필 | 문화 거점지역은 성과중심적인 행정의 관성대로 단번에 세울 수 없습니다. 단계가 필요하고, 가장 황폐한 곳과 그 싹이 움트고 있는 곳들을 잘 살펴가면서 경험을 축적하고 더 발전된 형태로 다음 지역들을 연계해 가는 방식이 필요하죠. 특히 시민이 자발적으로 조성하는 문화시설도 개인이 사유화한 자원이 아니라 사회적 자원이자 지역의 공공재라는 인식을 가지고 행정적 지원뿐만 아니라 재정적 지원도 고려해야 할 것입니다. 전주 한옥마을의 경우, 초기에 자발적인 민간영역의 시도였던 것이, 점차 법제도의 틀 속에서 경관과 내용을 갖추면서 균형을 맞춰가는 지원과 통합관리의 방식으로 진행됐어요. 그 결과 우수한 관광자원으로 승화되었고요. 동구가 이를 참고했으면 좋겠습니다. 시설 중심의 작위적인 문화거점보다는 인본적인 삶이 흘러야죠. 주민의 일상이 행복해지는 문화향유의 공간이자 생산과 소비가 공존하는 공간으로 작고 소박하면서 지역의 특성이 묻어나는 그런 도시가 동구여야 되지 않을까 생각합니다.

노희용 | 문화전당이 담론의 문화를 이야기한다면 동구는 이것을 보완하는 일상의 문화를 개발할 필요가 있어 보입니다. 무조건 문화중심도시와 전당만을 염두에 두고 실제 주민들의 삶과 따로 논다면 자기 주체성과 기반을 상실하는 독이 될 수도 있을 테니까요. 문화는 기반시설의 영역 문제가 아니라 기획이나 내용의 문제라는 생각을 자주합니다. 기반시설이 많다고 해서 그 지역이 문화적으로 우수한 지역은 아니잖아요. 이제는 질적 수준을 높이고 자기 정체성과 지역 정체성을

확립하는 방식으로 지역 문화운동을 전개할 필요가 있어 보입니다.

전고필｜ 좋은 생각이신데, 그러려면 뭐가 필요하겠습니까? 바로 사람입니다. 지금 동구의 상황은 일시적 방문자들은 많은데, 정작 지역 내부를 꼼꼼하게 살펴보고 과거 속에서 미래를 찾는 이들은 많지 않습니다. 광주지역 내에서 가장 고령화가 된 곳이 동구라면 이를 세대 간 통합의 장으로 노장층이 한데 어울리는 세대 공감의 지역이 돼야지요.

내부 인재의 발굴과 동시에 적합한 외부 인력의 유입도 고려해야 합니다. 다양한 문화프로그램의 개발을 통한 강사의 유입, 과업형 레지던시의 도입, 체류형 인재의 영입 작업이 필요합니다. 그러면서 기존의 문화공간이 갖는 한계성을 서서히 돌파하고, 열려 있는 구조, 접근성과 활용성이 보장되는 열린 구조로 가도록 행정과 주민자치 역량을 키워야 합니다. 아시아문화전당이 2015년에 문 연다고 덩달아서 바빠서는 안 됩니다.

노희용｜ 동구는 도심임에도 불구하고 마을이라는 공간성이 남아 있습니다. 동구지역 문화의 자생력 확보 차원에서 이런 마을을 구성하는 사람들, 그들을 이어주는 실핏줄 같은 골목들, 그 안에 남아 있는 공동체의 역사와 문화를 살려 내고 싶습니다. 전선생님은 북구문화의 집, 대인시장, 광주문화재단 등에서 지역문화 자생력 확보를 위해 수많은 프로그램들을 진행하셨는데 동구에 제안하고 싶은 컨텐츠가 있다면요?

아시아문화전당 주변을 걸으며 우리는 그 공간이 완공된 뒤 가져올 변화들을 상상했다.

전고필 | 이미 동구에서 시행하고 있는 마을텃밭과 같은 경우는 매우 유의미한 문화현상이라 보입니다. '손이 하는 일은 다른 손을 찾는 것' 이라고 말한 어느 시인의 말처럼, 도심 내에 생긴 텃밭은 자연스럽게 사람들의 경작 본능을 깨웁니다. 광주 시민 대부분이 그렇듯이 이들의 몸 안에는 농사꾼으로 자란 남도인의 DNA가 흐르고 있어요. 이런 유전자 안에는 협동의 경제가 함께 들어 있고, 나눔의 미학이 흐르고 있습니다. 집 근처 텃밭 하나로 주민들이 모이고, 협업을 통해 경작의 기쁨, 추수의 풍성함과 나눔을 배울 수 있는 것이 다른 지역이 아닌 동구가 할 수 있는 가장 큰 강점이라고 생각합니다. 이게 발전되면, 도시의 안전한 먹거리, 공동 밥상이 될 겁니다. 굳이 이것을 도시 생태로만 볼 것이 아니라 타 지역과 다른 차별화된 동구의 문화로 확산했으면 좋겠고요. 이런 매개를 통해 세대 간의 단절을 해소하는 생활전승의 문화로 발돋움했으면 합니다. 그러니까 생활의 기술을 단지 테크닉이 아닌 공동체의 삶과 연계한 프로그램으로 '마을 장인 발굴', '생활의 달인 발굴' 과 같은 동구의 얼굴 찾기, 나아가 광주의 자아 찾기 프로그램으로 확대해 보면 어떨까 싶습니다.

노희용 | 2013년 문화중심도시와 관련해 지역 사회에서 아시아문화전당 법인화 논란이 뜨거웠습니다. 법인화에 대해 광주의 시민사회는 대체적으로 '아직 걸음마도 배우지 못한 아이에게 뛰어라' 고 강요하는 것과 같다며 반발했는데요, 어떻습니까?

전고필 | 국립 아시아문화전당은 국책사업입니다. 때문에 사업에 대한 모든 권한은 문화관광부와 아시아문화중심도시추진단에 귀속돼 있죠. 쉽게 말해 국가가 얼개를 잡고 시행한 겁니다. 거의 10년을 국가 주도였는데, 갑자기 법인화를 통해 정부의 책임과 지방정부의 책임을 반분하겠다는 것은 무책임의 극치입니다. 아이를 낳았으니 이제 알아서 커라는 말인데, 그 아이가 성장할 만한 사회적 배경, 국제적 역할, 지역의 여건이 숙성됐을 때 아이는 혼자 클 수 있지 않겠습니까? 만약 국가가 책임을 전가하면 마치 월드컵대회 때문에 전국에 만들어 놓은 월드컵 경기장의 오늘 현재 모습과 다를 게 없어요. 유지하고 보수하기 위해 상업자본이 들어오는 거죠. 아시아적 가치의 공유와 확산이라는 본질이 상업자본에 묻히는 겁니다. 문화전당이 국제적 위상을 갖추고 안정화 될 때까지는 국가가 책임을 져야 합니다.

문화, 사람만이 희망이다

노희용 | 구세군의 창시자 윌리엄 부스가 '어떤 사람의 희망은 미술에 있고, 어떤 사람의 희망은 명예에 있고, 어떤 사람의 희망은 황금에 있다. 그래도 나의 큰 희망은 사람에 있다' 고 했습니다. 문화는 결국 사람의 문제고, 주민들의 문화적 역량도 끌어내는 게 중요합니다. 길러야 하는 문화가 있고, 발견해야 하는 문화도 있습니다. 프로그램을 돌리는 것이 기르는 문화라면 주민들의 삶에 이미 내재된 문화가 발견의 문화일 것입니다. 주민들이 드러내지 않았으나 자랑스럽

게 생각하고 자부심을 갖는 것들을 찾다보면 그 안에서 거대한 문화의 자장이 있음을 발견하게 됩니다. 그런 걸 동구의 문화적 자산으로 삼고 싶은데요.

전고필 | '나도 기획자' 같은 프로그램 공모사업을 해보면 좋을 것 같습니다. 의외로 발견의 문화가 많이 모입니다. 제가 몇 해 전에 성촌마을에 갔더니 못으로 시멘트벽에 그림을 그리는 분이 계시더라고요. 모두들 벽화라고 하면 페인트를 들고 벽을 장식하는 것으로 아는데, 이 분은 벽을 쌓으면서 스스로 자신의 담장을 다른 분들과 함께 보고 즐기는 캔버스로 활용하는 거였어요. 이런 분들의 내발적인 힘을 자족의 문화로 두지 않고, 공유할 수 있게 모셔 보시는 건 어떻습니까? '저 사람도 하는 것인데, 우리도 한번 해보자' 라는 의욕들이 모아지면서 또 하나의 문화를 만들 수 있을 겁니다.

동구의 내발적인 힘에 의한 문화역량을 끌어내는 것도 중요하지만 초대에 의한 방식도 필요하지요. 아시아문화전당이 들어서게 되고, 수많은 사람들이 찾게 되는데 이들과 눈 맞추고 응대하고, 함께 부대껴야 할 지역이 동구입니다. 흔히 여가산업을 Hospitality산업이라고 하는데 병원이나 호텔의 어원이 바로 여기에서 시작됐잖아요. 즉, 얼마나 잘 영접하고 기억에 남게 해서 또 방문하게 하는 것이냐가 관건인 거지요. 그간 문화에 관한 접근이 즐기는 문화였다면, 이제는 배우는 문화와 실천하는 문화로 접근하는 시대가 되었습니다. 광주 역사의 씨줄 날줄을 누구보다 잘 아는 게 누굽니까? 동구 사람입니다. 그런 지식을 체계화하도록 도와 드리는 거죠.

노희용 | 동구 내부에는 문화 인력이 많지 않아요. 동구는 지금 아시아문화중심도시를 통해 들어오는 외부 문화인력과 원래 동구가 가지고 있는 고유의 문화를 융복합시켜 새로운 문화를 창출해야 하는 과제를 안고 있습니다. 광주의 굵직한 행사들은 모두 금남로에서 진행 되잖아요. 그만큼 광주 시민의 광장으로서 동구 금남로의 위상이 있다는 것이죠. 그런데도 동구는 변변한 문화기획자 하나 키워놓지 못했습니다.

전고필 | 동구는 충장축제를 문화체육관광부의 최우수축제의 반열에 오르게 한 저력이 있잖아요. 충장축제에 지역문화 인력들을 많이 끌어들여야지요. 금남로와 인근 지역에서 이뤄지는 행사들을 진행하다 보면 사실 문화기획자들에게는 어려움이 많습니다. 어떤 장소를 택해야 하는지, 어떤 절차를 밟아야하는지, 교통관리는 어떻게 하고, 사후처리는 어떻게 해야 하는지, 고민이 다양합니다. 문화인력들이 충장축제의 기획에 한 번만 참여하면 그런 고민들이 금세 해결될 겁니다.

동구에는 또 아름다운 어른들이 많습니다. 광주의 속살과 무등산을 안방같이 다 꿰차고 계시는 박선홍 선생님, 향토사를 손금 보듯이 아시는 이현채 선생님, 광주의 모든 출판이 이뤄지는 금동 인쇄거리, 예술가들의 사랑방 예술의 거리, 시장문화와 예술이 만나는 접점 대인시장. 이런 인적 물적 자원에 대한 행정의 해득력이 우선시 되어야

상상은 무한대로 확장됐고, 그래서 우리는 잠시 행복했다.

합니다. 예전에 프랑스 공항에서 한국으로 돌아오는 시인이 있었는데 사람들로 가득해서 도저히 비행기를 타지 못하겠더랍니다. 그때 프랑스의 한 시인이 "여기 지금 돌아가야 할 위대한 한국의 시인이 있습니다"라고 하니 사람들이 비켜주고 공항요원들이 나서서 모셨다는 일화가 있습니다. 문화강국 프랑스는 바로 이런 기반 위에 서 있는 거죠. 그런 마인드가 동구에 절실하게 필요하지요.

동구, 광주청년들의 비밀 언덕

노희용 | 지금 서울시 '청년허브'에서 일하고 계시죠. 광주에서 고령화가 가장 빠르게 진행되고 있는 동구는 젊은 세대들의 수혈이 시급합니다. 요즘 청년들이 아픕니다. 청년허브의 탄생은 어찌 보면 시대의 아픔 때문이었다고 생각합니다. 질풍노도와 같이 한 세상을 질주해야 할 청년세대들이 기존 사회의 완강한 벽에 부딪혀 무너지고, 무너지다 결국 자포자기 상태에 빠져들고 있는데, 동구도 청년들을 위한 그런 공간을 하나 만들면 좋겠습니다.

전고필 | 서울의 '하자센터'나 '청년허브'와 같은 공간을 만들기 위한 노력이 있었습니다. 지난 2012년 박규견 선배가 광주시에 있을 때 청년문화와 대안교육 전문가들과 함께 옛 시민회관을 청년세대의 거점공간으로 활용하기 위해 고생했는데 아쉽게도 이루어지지 않았어요. "광주는 문화에 대한 허위의식을 극복해야 한다."던 박선배의 당시 말은 여전히 유효하다고 봅니다.

10대와 20대는 문화생산자나 문화기획자로 삶을 일구려는 의지가 강합니다. 어느 때보다 문화생산자와 문화기획자로 살고 싶어 하는 이들이 많지요. 그러나 그들에게 길은 쉽게 열리지 않고 잘 보이지도 않습니다. 이게 현실이죠. 청장님 말씀대로 광주에 그런 공간 절실합니다.

청년허브는 560평의 널찍한 실내공간을 가지고 있어요. 그곳을 통칭해 '무중력 지대'라고 합니다. 청년들이라면 눈치 안 보고 청년의 특권을 누릴 수 있는 곳이라는 뜻이죠. 직원들이 사용하는 공간은 다닥다닥 붙어 있는데 반해 청년들이 가용할 수 있는 공간은 널찍하게 운용합니다. 200여 명 정도가 앉을 수 있는 카페 공간, 손으로 주물럭거리며 수작업을 할 수 있는 공작실, 눈치 안 보고 잠을 잘 수 있는 쉼터, 시선을 피해 놀 수 있는 공간, 무언가를 도모하는 청년들 10팀이 입주하는 미닫이 사무실, 150석의 전동 접이식 강당, 화상 회의가 가능한 영상 회의실 등의 기본 인프라가 갖춰져 있습니다.

노희용 | 공간의 구성에서 청년다운 활력 같은 게 느껴지는데요, 일부러 비워 놓고 청년들이 공간을 자기들 마음대로 변화무쌍하게 설계할 수 있도록 배려한 것인가요?

전고필 | 그렇죠. 일단 비워 놓고 청년들이 내부에 무언가를 하고 싶어 하면 장비와 인력, 재원을 받쳐주는 거죠. 텃밭도 있어요. 200평 정도인데 청년과 지역 노인들이 공동 경작하는 곳입니다. 텃밭에서 어르신들과 경작을 공유하며 인생도 함께 기르는 거죠.

서울시는 청년허브의 공간과 운영재원을 주었지만 간섭보다는 인적, 물적 자원의 연결에 치중해요. 내부 구성원은 출퇴근의 시간도 고사하며 동시대 청년과 만나고, 이들의 결핍을 해소하는 방안을 도출하기 위해 고뇌하고, 질주하고, 돌파하거나 좌절하면서 숨 가쁜 시간을 보냅니다. 한마디로 청년허브는 사람이기도 하고, 공간이기도 한

청년들의 비빌 언덕으로서 운영되고 있는 겁니다.

노희용 | 청년허브가 굴러가는 이야기를 들으니, '철학자가 통치자이고, 통치자가 철학자인 국가는 행복하다'는 플라톤의 말이 생각납니다. 만약 동구가 청년허브처럼 청년들의 비빌 언덕 기능을 하는 공간을 만든다면 어디가 좋겠습니까?

전고필 | 서울에서 전일빌딩의 활용방안에 대한 광주의 논쟁을 지켜보면서 아쉬움이 컸습니다. 1970년 전일빌딩에 전국 최초 사립공공도서관 전일도서관이 들어섰고, 광주전남 청년들의 지식창고 같은 역할을 했던 곳인데, 이에 대한 어떠한 제기도 없어 아쉬웠습니다. 광주의 청년들이 가장 밀집하는 곳이 충장로잖아요. 새로운 문화형성의 발신지 문화전당이 코 앞에 인접해 있고요. 청년들이 함께 모여 얘기하고 무언가를 고민하고 또 도전해 보는 마당이 인접해 있다는 것은 매우 의미 있는 일입니다. 특히 바로 자원을 연결할 수 있는 전당이 옆에 있기에 서슴없이 전일빌딩을 꼽습니다. 역사적 맥락에서 보면 학생회관도 좋은 공간입니다. 좁은 공간보다는 넓고 개방된 공간이면서 한편으로 팀별 논의가 가능한 가변성을 갖춘 공간으로서 전일빌딩과 학생회관이 기능적으로도 맞춤하다고 보입니다.

노희용 | 광주에서는 청년들의 존재감이 거의 없는 것 같고 청년문제에 대해 언급이 거의 전무한데요, 과거 민주화운동의 주체가 광주

였고, 궂은 일은 모두 광주의 청년들이 앞장섰는데 지금 광주의 청년들은 어디에 있을까요? 정말 반성이 많이 됩니다. 청년들은 사실 준비가 돼 있는데 광주라는 사회가 그들이 설 자리를 마련해 주지 못하고 있는 건지도 모르겠습니다. 청년들에겐 참 면목 없는 일이기는 한데, 청년허브 같은 공간을 광주에 만들어 청년 일자리를 고민할 경우 지역과의 연관성도 중요할 것 같습니다. 일테면 '가장 광주적인 일자리가 무엇인가?' 에 대한 고민이 필요한 거지요.

전고필 | 사실 서울의 경우 청년 창업을 위한 인큐베이팅과 창업지원을 시행하고 있지만 성공률이 낮아 고심하고 있습니다. 아무래도 사회적 관계망이 취약하고 기존의 유통경로에 대한 경험이 낯선 데 주원인이 있다고 분석됩니다. 따라서 동구는 다양한 국·시비 사업을 청년과 결합하는 방식을 택했으면 좋겠습니다. 동구의 가장 큰 강점은 경험이 풍부한 어르신들이 많다는 점입니다. 예컨대 청년장사꾼을 양성한다면 청년의 도전 정신으로만 돌파하도록 응원하는 것이 아니라 어르신을 멘토로 모시면서 '노·청장사꾼', 어감이 이상한가요?(웃음) 그렇다면 어감이 좋게 '청·어 장사꾼', 이런 형태로 꾼을 키우는 겁니다. 바로 현장에 투입하는 것이 아니라 아이템을 가진 청년을 위해 다양한 유경험자 어르신을 모시고 협동의 틀을 만들어, 상품을 개발하고, 마케팅 기법을 연마하는 거죠.

손재주와 아이디어가 좋은 청년들을 위해 '청년메이커스밸리'를 조성하는 건 어떨까 고민해 봅니다. 대량생산 대량소비의 트렌드에

한때 광주의 중심이었던 충장로를 함께 걸으며 즐거운 상상은 여러 갈래로 가지를 뻗었다.

균열이 가기 시작했습니다. 매머드 기업들은 값싼 원료와 값싼 노동력을 이용해 최대한의 원가절감과 최소 물류비용, 유통비용으로 저가판매를 통해 시장을 석패하고 있는 상황이고, 한편으로는 남과 다른 나만의 것, 내가 만든 것, 하나뿐인 것에 대한 관심도 늘어나고 있습니다. 수작업이 부상하고 있는 상황입니다. 저마다의 개성이 특출하고 무언가를 해보고자 하는 열망을 가진 청년들의 신선한 아이디어와 추진력을 실행할 수 있도록 이들이 원하는 공작실을 조성하는 겁니다.

문화중심도시답게 청년들의 연구열을 증진시키면서 경험을 쌓는 '광주의 재발견' 연구단을 운영하는 것도 고려해 볼 만합니다. 대구의 경우는 권상구라는 열정적인 연구자 덕에 『대구신택리지』라는 책이 발간됐어요. 그 책이 초중고생의 현장학습의 지침서이자 나침반의 역할을 하고 있고요. 소중한 역사와 현재를 잇는 가교로서 청년들이 인문적으로 사고하고, 현장 연구의 경험을 풍부하게 쌓으면 광주적인 자산이 될 겁니다.

한 사람이 박물관이다

노희용 | 동구에 노인 인구가 많습니다. 그런데 그분들이 경시 받는 경향이 있는 것 같습니다. '한 사람이 쓰러지는 것은 박물관 하나가 사라지는 것보다 더 큰 것이 무너진 것이다' 라는 말도 있잖아요. 그분들의 삶 속에는 현 시대를 사는 이들이 듣고 배우고 실천해야 할

것들이 잘 담겨 있어요. 그런데 그분들이 그저 평범한 사람이라고, 다 늙었다고 외면당하고 있는 겁니다. 우리 사회가 지금 어른이 사라진 사회, 세대와 세대 간의 소통이 단절된 사회, 우리가 아니라 나만을 생각하는 사회로 변질되고 있잖아요. 동구의 노인문제를 문화적으로 해결하는 방법으로 한 사람의 인생을 글과 사진, 미디어로 기록하는 아카이브 작업을 진행하면 어떨까, 생각하고 있습니다.

전고필 | 오래전에 뿌리깊은나무라는 출판사에서 『숨어사는 외톨박이』라는 민중구술사를 정리한 책을 냈습니다. 아주 평범하지만 나고 자란 지역에서 온갖 역사의 풍랑을 고스란히 몸으로 체득한 사람들의 일대기였어요. 통사 중심의 역사가 아니라 사람살이의 기록으로서 구술사가 갖는 상징성은 매우 큽니다. 단순히 한 개인의 역사가 아니라 동시대 민중들의 삶이었고, 이 땅을 지탱해 온 민초들의 힘이었다는 것을 다시금 각성하는 계기로 작용합니다. 그런 구술사를 읽다 보면 저절로 사람에 대한 공경의 마음이 생겨요. 동구가 이런 사회의 문제점을 인식하고 어르신들의 삶을 존중하고, 듣고, 끄집어내고, 다시 편집하고, 가공을 거쳐 한 분 한 분의 박물관을 만들어 주는 것은 매우 유의미한 일입니다.

노희용 | 그런 측면에서 요즘 많이 시도되는 '사람책 도서관'의 상징성도 큰 것 같습니다. 사람을 만나 그 사람이 살아온 인생을 꺼내 읽는 거죠. 먼저 산 어른들의 삶을 들으면 다음 세대가 배워야 할 삶

상상의 끝에 매달린 것은 문화 발전소로서의 동구였다.

의 지혜들이 넘쳐날 겁니다. 만약 사람책이 동구의 어르신이라면 80년 5월의 비사가 드러날 수 있고, 당시의 연탄이 어떻게 변해 왔는지, 광주천의 물길이 바뀐 것은 어느 시점이었는지, 백범 선생이 광주를 찾았을 때 현장의 생생한 모습은 어떠했는지, 된장은 어떻게 담가야 하는지, 무너진 돌담은 어떻게 쌓아야 하는지를 알 수 있는 거죠. 말씀을 해주는 어르신들은 자신의 삶에 대한 자부심을 얻게 되고요.

전고필 | 사람책이 의미 있는 건 개인이 종횡무진 살아온 시간을 듣는데, 그게 한편으로 광주 역사의 기둥이 될 수 있기 때문이죠. 동구에서 노인들을 대상으로 '사람책 도서관'을 운영한다면, 동구의 어르신들은 잊었던 자신의 삶도 반추해 보고, 서로를 비교해 보고, 서로의 지식을 나눠 보고, 기술도 공유하며, 사회적 소외로부터 자존감을 찾아낼 수 있는 좋은 기회가 될 것입니다. 특히 사람책은 함께 공유하는 마당으로 전개되는 것이기 때문에 당연히 젊은 세대와의 접촉도 넓어지겠죠. 보이지 않던 세대 간의 단절도 해소되고, 물질의 복지가 아닌 정신의 복지정책으로 치환할 수 있는 긍정적인 기회로 작용할 겁니다.

노희용 | 넓은 의미에서 문화는 사람의 삶, 그 자체잖아요. 그런 측면에서 보면 모든 문화는 사람과 사람의 관계 맺음 속에서 파생되는 것 같습니다. 전선생은 몇 해 전 대인시장에서 상인과 예술인들 사이의 관계를 조율하며 살았잖아요. 대인시장이 문화거점으로 기능하는 데 있어서도 관계가 가장 중요한 문제였을 것 같은데, 상인과 예술가들의 소통을 통한 시너지 효과도 있었지만 문화 충돌도 함께 공존했던 것으로 알고 있습니다.

전고필 | 제가 대인예술시장의 운영 주체였죠. 저는 평소에 길은 사람과 사람 사이의 혈관과 같은 것이라 생각했습니다. '누구와 누구 사이로 이어진 그 길을 얼마나 잘 다니느냐'에 따라 동맥경화가 해소된다는 걸 몸으로 직접 경험했던 시절이었어요. 어떤 때는 취객처럼

약간의 객기도 부리면서 싫은 소리도 하고, 철없는 아들 같이 어리광도 피워 가면서 관계를 맺어 갔죠. 그런 다음 우편배달부가 됐습니다. 좋은 소식은 길게, 별로인 일들은 짧지만 솔직하게. 워낙에 다른 환경에서 사셨던 분들이잖아요, 자칫하면 기획자가 움직이는 화약고가 될 수 있기 때문이었죠. 상인이나 예술가나 시장이 잘 되어야 한다는 전제에는 이견이 없습니다. 다만 그 방식에 대한 이견이 많았습니다.

노희용 | 예술가와 상인들을 공통으로 맺어주는 문화적 접점이 없으니, 이견이 많은 것 또한 당연해 보이는데요?

전고필 | 그렇죠. 서로를 이해 시켜야겠다, 그러려면 어떻게 할까 고민이 많았습니다. 처음에는 직접 얼굴 대면하는 마당보다는 상인에게는 문화를, 예술가에게는 마켓을 경험하게 하는 방식을 택했습니다. 그러니까 서로를 조금이나마 이해하더라고요. 그런 다음 만남의 접점을 만들었어요. 이를테면 '그림이 있는 도마 만들기' 같은 프로그램을 통해 상인이 직접 그림을 그리지만 예술가들이 옆에서 거드는 형태를 취했습니다. 서로 아는 척도 하고 조금씩 친해져요. 그런데 결국 어색한 틈을 메우는 건 생활이었습니다. 예술가들이 연로한 상인들 가게의 수도도 고쳐주고, 화장실도 손봐주고, 좌판 다리도 갈아주고 하니까 금방 친해집니다. 서로의 결핍을 인정하고, 스스로의 방식으로 서로를 위로하고 해소하는 차원으로의 승화는 결국 발품과 말 들어주기 말고는 없었습니다. 그런 소소한 배려에서 좋은 관계가 피어나죠.

노희용 | 요즘 문화를 접목시킨 마을만들기가 대세잖아요. 동구의 경우 남광주시장 주변을 주목하고 있습니다. 철길의 역사, 생활필수품 거래의 역사, 서민들의 애환 같은 게 남광주시장에는 깊게 스며 있습니다. 대인시장에서의 경험에 비추어 남광주시장을 문화적 거점으로 발전시킬 방안이 있다면 어떤 게 있을까요?

전고필 | 먼저 상인들의 열망을 읽는 자세가 필요합니다. 상인들이 무얼 필요로 하는지 알아야 하는 거죠. 그 다음은 장소성을 살펴야 합니다. 남광주시장은 가장 신선한 해산물이 넘치는 시장이라는 상징성을 가지고 있잖아요. 그런데 남광주시장은 먹을거리는 있지만 문화적 매력 요인은 낮습니다. 문화 콘텐츠가 부재한 겁니다. 인위적으로 그 속에 이벤트를 넣어 저잣거리의 흉내를 내는 것은 임시방편에 불과할 겁니다. 생산 과정의 이야기를 특화시켜 보면 어떨까요? 예컨대 회무침이 유명한 집이라면, 그 회무침이 나오기까지의 조업과정과 경매과정, 운송과정, 조리과정을 스토리텔링화 하는 것이죠. 영상으로, 그림으로, 소리로, 시로, 소설로, 마임으로, 연극으로, 무용으로, 노래로, 설치미술 등 여러 장르 예술이 동원될 수 있다고 생각합니다.

노희용 | 그걸 상인들이 직접 나서서 할 수는 없을 것이고, 결국 예술가들이 함께 결합해야 가능하잖아요?

전고필 | 당연히 그렇죠. 예술가들의 활동 공간이 필요한데, 비어

있는 상가건물을 활용하면 좋지요. 작품의 기획과 제작을 위해 공동 창작공간을 제공한 뒤, 작가들에게 레지던시 프로그램을 제공하거나 과업형 공모 프로그램을 시행하면 시너지가 있을 거고요. 물론 그런 일을 진행하기 위해서는 상인들의 이해와 요구도 있어야 하고, 책임 기획자와 예술인들이 시장의 결을 읽고 관계를 맺어 주는 게 중요하죠. 예산도 필요한데, 아시아문화전당과 가깝잖아요. 문화중심도시사업과 연계하거나 중소기업청의 전통시장지원 사업을 따내는 것도 하나의 방법이 될 수 있겠지요.

노희용 | 북구문화의 집에서도 활동하셨죠? 제가 광주시에 있을 때 북구문화의 집의 문화 프로그램들을 주의 깊게 살펴본 적이 있습니다. 10년 전쯤으로 기억합니다만, 당시로서는 매우 파격적이고, 실험적인 문화 프로그램들을 많이 운영하더라고요. 특히 기억에 남는 게 목수 할아버지나 튀김집 할머니 같은 사람들을 강연 무대에 세우는 것이었습니다.

전고필 | 북구문화의 집도 처음엔 생활에 찌든 사람들이 찾아와서 보고, 만지고, 느끼는 문화향유의 공간으로 작동했습니다. 시민들을 문화의 창조자가 아니라 향유자로 취급했던 겁니다. 그런 시간이 축적되면서 이용자들의 수준도 높아지고, 더 많은 것들을 요구했어요. 단순한 관람 중심이 아니라 직접 체험해 보고 만들어 보는 것, 창작의 열망까지 수용하라는 요구로 확장된 거예요. 당시 대부분의 문화 프

기차가 떠난 남광주시장, 그곳을 돌아보며 거래로서의 시장에 문화를 결합시킬 방법들을 서로에게 묻고 답했다.

로그램이라는 게 시 창작, 회화 그리기, 악기 배우기 등 예술적 장르로 국한되었습니다. 삶이 곧 문화인데, 어느 사이에 장르 예술만이 문화인 것으로 길들여져 왔던 거지요. 그래서 보편적인 삶 속에서 문화 찾기에 돌입했죠. 지역을 전부 뒤졌어요. 그랬더니 전남대 학생이면 누구나 잊지 못하는 할머니가 있다는 거예요.

노희용 | 그분이 바로 튀김집 할머니였군요?

전고필 | 네, 분식집을 찾았는데, 직접 뵈니 장사꾼으로서의 삶이 아닌 겁니다. 정을 철학으로 승화시켰다고 할까요. 재료의 구입부터 음식이 탁자에 놓일 때까지 모든 게 할머니의 철학이 배어 있는 거죠. 사람과 사람 사이의 도타운 정이 버무려져 있었습니다. 모셔서 살아오신 내력도 듣고, 음식의 비법도 전수 받고 싶었습니다. 그런 자리는 단순한 테크닉의 전수가 아니잖아요. 그 덕에 할머니는 할머니대로 '아, 내가 이렇게 잘 살아왔구나. 나를 지지하고 응원해 주는 사람들이 이리 많구나!' 느끼고는 더 맛난 음식으로 손님들을 맞이하겠다는 의욕과 활기를 찾으셨던 기억이 납니다.

목수 할아버지도 마찬가지였어요. 어느 날부터 우리 곁에 평상이 사라졌습니다. 손택수 시인은 '동네에 싸움이 늘기 시작한 건 평상이 사라지고 난 후부터' 라고 말하던데, 저마다 자기 차를 대기 위한 주차 전쟁을 치르면서 담소를 나눌 수 있는 모두의 공간인 평상이 사라진 겁니다. 목수 할아버지는 평생 평상을 만드셨는데, 평상의 높이가 전부 다릅니다. 이유는 바로 그 평상을 사용할 골목 분들의 다리와 관련이 있어요. 사용 고객의 몸 상태로 보고 제품을 만든 거지요. 그게 바로 장인의 철학 아니겠습니까?

노희용 | 동구에도 노인 인구가 많으니, 찾아보면 그런 철학적 삶의 장인들이 무척 많을 것이라고 봅니다. 그런 나이 드신 장인들이 나무를 대하는 자세, 연장을 다루는 법을 듣는 것만으로도 '체험 삶의 현장'이 되겠다 싶습니다.

전고필 | 동구에서 '마을 장인 제도' 같은 걸 운영해 보면 어떨까요? 된장을 잘 담그신 분은 된장장인, 톱질을 잘하신 분은 톱질장인, 재활용을 잘하시는 분은 재활용장인, 칼을 잘 가시는 분은 칼갈이장인, 이렇게 인증을 해주는 겁니다. 그러면 인증 받은 분들의 삶을 존중하는 결과도 낳고, 소일거리도 늘려주게 되죠. 이런 일들을 마을공동체 학교나 마을 장인학교 같은 것으로 승화시키는 겁니다. 그런 소소하지만 없어서는 안 될 기술을 전수하고 전승하는 마을공동체, 아름다운 일상의 풍경이잖아요.

황지우 문화전당 민주평화교류원 책임연구원

문화중심도시는 소비가 아니라 생산이다

나는 지금 푸른길 옆에 오래된 집을 월세로 얻어서 산다. 마당에 실구나무와 무화과나무가 있다. 열매가 맺으면 이웃과 나눠 먹는다. 대담이 끝날 무렵 나의 누옥에서 황지우 시인은 내게 '또라이 목민관'이란 별명을 붙여줬다. 또라이란 말을 듣고 기분 좋기는 처음이었다.

노희용 | 황지우라는 이름은 개인이 아니라 우리 시대를 대표하는 하나의 코드인 것 같습니다. 선생님처럼 삶으로 혹은 시詩로 시대에 복무하는 삶을 살고 계신 분을 뵈면 마음이 숙연해집니다. 그 기저에 광주가 있기 때문인 것 같습니다. 광주에서 학교를 다녔고, 5·18 민중항쟁과 관련해 투옥되기도 하셨잖아요. 먼저 선생님에게 광주는 어떤 의미인지 알고 싶습니다.

민주인권평화기념관, '채우되 빈 듯하다'

황지우 | 광주는 제 삶 자체지요. 살다 보면 비극의 결말이 뻔히 보여서 도망가고 싶을 때도 있잖아요. 근데 저는 꼭 대의가 있을 때, 그쪽에 그냥 몸을 내줘 버리는 경향이 강해요. 성격적인 결함일 수도 있는데, 광주라는 도시의 유전자가 제 몸에 배어 있기에 그렇지 않나 생

각합니다. 제가 1970~1980년대 반유신 시위에 가담하고 광주항쟁 때 유인물 만들어서 종로에 뿌리다가 1980년 5월 31일에 청량리역에서 체포됐어요. 16일 동안 매일 고문 당했죠. 국가가 권력이 나를 짓이겨 논 거예요. 그 고문, 그 악의 이빨에서 빠져 나오려면 내 친구를 거기에 넣어 줘야만 했어요. 그게 김도연이나 이해찬인데, 그 친구들 잡으러 내가 같이 다녔어요. 그게 내 평생의 원죄고, 트라우마지요. 그래서 난 남을 공격하지 못해요.

노희용 | 선생님의 시집 『새들도 세상을 뜨는구나』를 참 아프게 읽었던 시절이 있습니다. 절망적인 경험이 선생님 핏속에 내재돼 있어 그토록 치열한 시세계가 열린 거로군요. 젊은 날, "갈대숲을 이룩하는 흰 새떼들이/ 자기들끼리 끼룩거리면서/ 자기들끼리 낄낄대면서/ 일렬 이열 삼열 횡대로 자기들의 세상을/ 이 세상에서 떼어 메고/ 이 세상 밖 어딘가로 날아간다"던 대목에서 새들도 살 수 없는 엄혹한 현실에 절망하고 분개하던 기억이 새삼 되새겨집니다.

황지우 | 고향인 광주가 피로 물들었잖아요. 그 핏빛 오월의 잔혹한 현장을 목도한 상흔 하나만으로도 한 인간이 극복하기 힘든 상처였습니다. 그런데 고문에 못 이겨 친구를 배신했다는 자기 모멸감까지 더해졌지요. 당시 그런 사람들이 저 하나만은 아니었을 겁니다. 힘들었죠. 세상이 나를 건드렸고, 나는 비틀리고 해체된 상징적인 언어들로 시대를 겨냥한 거지요. 시대가 비정상적인데, 언어라고 온전할

고향 없는 사람이 세상에 어디 있을까? 광주는 우리 모두의 고향이다.

수 있겠습니까.

노희용 | 저는 시는 잘 모릅니다만 선생님의 시 「묵념, 5분 27초」를 접하고, 충격을 받았습니다. 뭐랄까요, 내용은 없고 제목만 있는 시의 형태도 놀라웠지만, 도청에 진압군이 들이닥친 5월 27일을 상징적 은유로 담아낸 것이 제 몸을 때린 거지요. 침묵의 역설, 1980년 5월 27일 도청에서 무슨 일이 일어났는지 구구절절이 말하기보다 오히려 침묵이 직설로서 역사적 사실을 증언하는 데 훨씬 설득력 있다는 걸 선생님의 시를 통해 확인했습니다.

황지우 | 일종의 장난이기도 합니다. 그때 그렇게 장난쳤던 게 검열을 피하기 위한 장치이기도 하고, 혹은 자기 검열의 산물이기도 했을 겁니다. 당시에는 형태 파괴적인 실험이 시대의 문제와 맞닿아 있었어요. 그런데 지금은 잘 모르겠습니다. 오히려 형식 때문에 잔존하는 것이 아닌가 하는 생각도 들고요. 저는 문학에 있어 굉장히 이중적인 측면이 있습니다. 문학의 내재성, 자율성, 형식주의의 힘을 강하게 신뢰하면서도, 다른 한편으로는 현실인식에도 아주 민감하죠. 시대에 맞는 메시지를 전달하는 것과 시적 아름다움을 추구하는 것 사이에서 여전히 갈등이 있습니다.

노희용 | 광주 동구는 아시아문화중심도시의 핵심시설인 아시아문화전당이 들어서는 지역입니다. 문화전당이 개관하면 동구에 많은 변화가 있을 것이라 생각합니다. 선생님은 지금 아시아문화전당의 민주평화교류원 조성을 위한 책임연구를 진행하고 계십니다. 민주평화교류원은 아시아문화전당에서 광주의 정체성을 가장 선명하게 담아내는 공간이잖아요. 최근 민주인권평화기념관의 전시콘텐츠가 일부 공개되기도 했지만, 1980년 오월의 가치를 누구보다 잘 아시는 선생님이 그걸 문화적으로 어떻게 구현할지 궁금합니다.

황지우 | 민주인권평화기념관 전시콘텐츠는 폭력을 극복한 '초극의 인간', '계급과 계층', '주먹밥과 피의 나눔' 등이 문화로 승화돼 세계 시민들이 체험할 수 있도록 구성했습니다. 특히 오월의 가치를

보편적 가치로 승화하기 위해 방문객과 적극적으로 상호작용하는 감성의 울림터, 문화예술로 승화되는 방식을 강조했지요.

기념관은 경찰청 본관인 민주관, 경찰청 민원실인 평화관, 도청 회의실인 러닝센터, 도청 본관인 인권관, 상무관인 메모리얼 홀로 구성돼 5·18 당시 상황을 기승전결로 표현합니다. 민주관에는 1980년 오월 세계 각지에서 일어난 일들과 도청 앞 분수대 집회, 횃불성회, 시민들이 겪은 사건 중심으로 꾸며져요. 평화관은 해방광주의 상황이 담기고, 러닝센터에는 광주의 마지막 날이 표현되고요. 인권관은 1980년 5월 27일 이후의 상황들이 구성됩니다. 1980년 오월 당시 10일 동안의 대표적 사건은 17일 계엄령, 18일 민주화 횃불성회와 전남대 시위, 19일 잔혹 진압과 시민봉기, 20일 차량시위, 21일 집단 발포와 공수부대 퇴각, 22일 해방광주, 26일 죽음의 광주, 27일 최후의 도청 그리고 계엄군 진압으로 나뉘잖아요. 광주의 정체성인 오월 광주의 시간, 그 시민의 역사를 기념관 안에 상징적으로 담아내려 합니다.

노희용 | 전시콘텐츠도 중요하지만 사실 전시 공간의 건축적 완성도 역시 간과할 수 없는 요소라고 생각합니다. 스페인 발바오의 구겐하임 미술관이 좋은 예일 것입니다. 구겐하임 미술관은 '20세기 건축의 쿠데타'로 불릴 만큼 현대 건축 설계의 한 획을 그었다는 평가를 받고 있잖습니까? 해체주의 건축의 대표적인 작가인 미국 출신의 프랑크 게리의 설계는 구겐하임 미술관을 건축물이라기보다 하나의 조형물처럼 느끼게 만들었습니다. 3만 여 개의 티타늄판이 마치 파도치

아시아문화전당은 소비의 문화일까, 생산의 문화일까? 황지우는 생산에 방점을 찍었다.

듯 역동성을 던져주고 있는 구겐하임 미술관이 개관 첫 해에만 당초 예상인원 45만 명의 3배가 넘는 136만 명의 방문객을 불러 모은 건 건축 설계의 힘이라 할 수 있겠지요.

황지우 | 구겐하임 미술관도 그렇지만 특히 민주인권평화기념관처럼 폭력을 기억하는 세계적인 기념관이나 박물관의 가장 큰 성공 요인은 바로 건축에 있습니다. 독일 베를린 유대인박물관은 건축물의 바깥 창을 칼로 짼 듯 구조화해 학살의 역사인 홀로코스트를 은유적으로 표현한 것이 돋보입니다. 제가 2013년 3월 말에 아시아문화전당에 들어설 민주평화인권기념관 콘텐츠 연구용역을 의뢰받은 뒤 유럽 등지의 사례를 살펴봤습니다. 하지만 기념관은 옛 전남도청 본관 등 보존 건물을 활용해 콘텐츠를 구상해야 하는 것이 난제였습니다. 그려야 할 캔버스에 이미 많은 공간들이 건축적으로 결정돼 있어 새로운 건축어법을 창안할 수 없는 구조였던 거에요. 그래서 5·18민중항쟁의 가장 큰 강점인 서사구조로 이야기를 살리는 쪽에 초점을 맞췄습니다.

노희용 | 민주인권평화기념관의 전시콘텐츠를 살펴봤는데, 은유적 요소가 강한 것 같습니다. '채우되 빈 듯하다' 라는 전시 원칙에서도 은유와 상징기법이 읽히고요.

황지우 | 일단은 서사에 초점을 뒀어요. 총기 조준선 위에서 태극

기를 들고 차량시위를 하는 사람, 시위대에게 바가지로 물 떠다 주는 아주머니, 여성과 아이를 도청에서 나가게 한 뒤 항쟁 마지막 날 새벽까지 도청을 지킨 사람 등 감동적인 이야기들이 도처에 많잖아요. 특히 도청 본관에 재구성될 인권관의 '마지막 가두방송'은 서사의 클라이맥스에 해당합니다. 계엄군 진입 때 지축을 뒤흔드는 소리 위로 아스라하게 여성의 애절한 가두방송을 입히면 어지간한 사람은 울지 않을까 싶어요.

다만 그 이야기를 표현하는 방식이 조금 달라요. 가능한 한 비우는 것이 전시 원칙입니다. 사실적인 재현은 오히려 콘텐츠를 제한시켜요. 해서 조명 등을 통해 은유와 상징으로 표현하고 그 공간에서 방문자가 몰입해 생각할 수 있는 여지를 주도록 했어요. 관람객이 자발적으로 감성과 상념을 생성할 수 있도록 하는 것에 중점을 둔 겁니다.

노희용 | 도청 별관 철거 논란 때부터 아시아문화중심도시 추진단이 오월 단체들과 불편한 관계에 놓여 있었잖아요. 얼마 전에도 옛 전남도청 앞 수위실을 철거해 오월 단체들의 반발을 샀습니다. 이번에 선생님이 내놓은 민주인권평화기념관의 전시콘텐츠도 사실성 결여 측면에서 약간의 반발이 있는 것 같습니다.

황지우 | 제일 난관이 오월 단체들의 반대였습니다. 제가 세 번 만났는데, 설득하는 게 제일 큰 문제인 것 같습니다. 조금은 타결의 여지도 보여요. 그분들의 타당한 주장은 적극적으로 수용하고 있습니

담 너머 버려진 한옥에 담긴 동구의 속살.

다. 우리가 미처 생각 못했던 것, 놓쳤던 것도 제기해 주니까 고마운 부분도 있고요. 옛 전남도청 앞 수위실 같은 경우도 당시 간첩 신고를 받았고, 검문을 했던 상징적인 곳이기 때문에 원형 복원을 추진하고 있습니다. 그런데 그분들은 아주 구체적으로 표현해 주길 원합니다.

예를 들어 관이나 핏자국, 관 옆에서 울부짖는 유족들을 밀랍인형으로 그대로 표현해 달라는 겁니다. 너무 직접적으로 사실적으로 재현해 놓으면 방문자들의 거부감이 생깁니다.

노희용 | 1980년 오월의 생생한 증언 개념에서 사실성도 중요하지만 제가 보기엔 민주인권평화기념관의 용도와 의미를 먼저 생각해야 할 것 같습니다. 박물관과 미술전시관의 개념을 잘 담아야 하잖아요. 그리고 1980년 오월의 문화 예술적 승화에도 초점이 맞춰져야 할 것 같고요. 민주인권평화기념관은 광주의 공간이 아니라, 대한민국과 세계인들을 향한 공간으로서 가치가 중요하니까요.

황지우 | 그렇죠. 가능한 한 우리 시민들이 많이 찾아야겠지만 1980년 오월을 세계의 것으로 열어주는 열린 마음이 필요합니다. 독일 유태인 박물관에 갔을 때, 거기 관장님이 누누이 강조한 게 있습니다. 전시물에 방문자가 거부감을 가지면 안 된다는 겁니다. 오월항쟁의 주체들은 목숨 걸고 도청을 지켰으니 얼마나 간절하겠어요. 하지만 이젠 1980년 오월을 당사자 개인의 것이 아닌 우리 것으로 보듬는 변화가 필요하지요.

광주의 오월은 위험요소도 분명히 있어요. 광주 안에서는 '또 5월이냐'는 피로감이 있고, 광주 밖에서는 여전히 강한 거부감이 자리하고 있죠. 최근 일베 사건에서 보여지 듯 노골적인 거부감으로 발전하고 있는 것도 풀어야 할 시대의 숙제이기도 하지요. 무엇보다 미래 세대들에게 잊혀져가고 있다는 것이 가장 큰 위험요소입니다. 민주인권평화기념관은 '지금 존재하고 있는 심리적 위험요소를 어떻게 소거하느냐, 50년 뒤 어떤 유산을 전달할 것인가?'를 고민했고 문화와 예술로 승화시키는 방향으로 콘텐츠를 구성했습니다.

아시아문화전당, 개관에 맞춘 돌진이 문제다

노희용ㅣ 성과주의가 무섭잖아요. 전체를 보지 못하고 근시안적으로 눈앞의 것에만 매달리는 결과를 낳으니까요. 그런데 아시아문화전당을 보면 너무 성과주의에 급급한 거 아닌가 하는 우려가 듭니다. 2015년 7월 개관 예정인데, 건물이야 그렇다 치고 이렇다 할 콘텐츠가 눈에 띄지 않습니다. 아시아문화전당과 연계될 도시 주변의 문화적 거점들은 아예 고려되지도 않는 것 같습니다. 개관에 따른 시너지 효과를 낼 문화적 장치들도 미흡합니다. 2014년 동계올림픽이 열리는 러시아 소치는 2010년을 영화의 해, 2011년을 극장의 해, 2012년을 음악의 해, 2013년은 박물관의 해로 지정해 문화적 시너지 효과를 체계화하고 있습니다. 선생님, 아시아문화전당이 개관이라는 성과주의에 너무 몰입돼 있는 건 아닐까요?

황지우 | 저도 그게 가장 걱정입니다. 아시아문화전당과 연계되는 주변의 문화적 거점들이 같이 만들어져야 방문자 동기유발을 이끌어 갈 수 있습니다. 방문자가 많아야 주변 상권과 지역 전체를 활성시킬 수 있지 않겠어요? 러시아 소치가 하고 있는 게 바로 그런 겁니다. 추진단이 너무 아시아문화전당 건물을 짓는 데 치중하면서 광주 전체의 도시계획 없이 개관 목표에 맞춰 돌진하는 느낌이 강하죠. 아시아문화전당의 직접적 영역에 들어있는 동구만이라도 지금부터 문화전당 주변을 반경 100m나 200m 단위로 쪼개서 문화적 개념의 도시 계획을 세울 필요가 있습니다. 문화전당 주변이 어떤 형태로 가야 하고, 어떤 시설이 필요한지, 공간의 성격을 규정해 볼 필요가 있다고 봅니다.

노희용 | 선생님도 어린 시절을 광주 동구에서 보내셨잖아요. 아시다시피 동구는 현재 도심 공동화가 심하고 1970, 1980년대의 위용을 거의 잃었습니다. 동구의 입장에서 보면 아시아문화중심도시의 성패에 따라 지역의 미래가 달려 있다고 해도 틀린 말이 아닐 겁니다. 하지만 현재의 구조로 보면 아시아문화중심도시의 핵심시설인 문화전당이 문을 열어도 얼마나 큰 효과가 있을지 기대를 크게 갖기는 어려워 보입니다. 시설 하나의 문제가 아니라 도시 구조를 다듬어야 한다는 생각이 듭니다.

황지우 | 아시아문화전당이 개관하면 일단 식당은 좀 되겠죠. 그것도 일시적일 거예요. 광주의 문화지수를 보면 답이 보입니다. 1년에

공연장 한 번도 안 가는 사람이 86%, 전시장 한 번도 안 가는 사람은 81%에요. 질문을 바꿔서 전시장을 5회 이상 간 사람이 1.2%밖에 안 돼요. 문화전당에서 공연과 전시를 1년 내내 하는데 처음 한두 달은 차겠죠. 두 달 이상 지나면 텅텅 빌 거라고 봐요. 인구 150만 명의 도시가 극장 4개, 거대한 전시관, 연면적 5만 평의 문화공간을 감당하기는 어려운 거죠. 장기적으로 문화산업, 문화상품, 생산의 프레임으로 가야 합니다. 아시아문화전당과 그 주변이 문화 클러스터 개념으로 변모해야 답이 나와요. 이게 1년이나 2년 안에 되는 일은 아닙니다. 어쩌면 우리 세대는 못 해낼 지도 몰라요. 20년이나 40년 뒤를 내다보면서 인프라를 깔고, 기본 클러스터의 모형을 만드는 게 우리의 역할이 아닐까 생각합니다. 클러스터가 하나 형성되면 그 클러스터가 증식이 되어서 옆으로 옆으로 계속 뻗어 나가게 되는 거잖아요.

노희용 | 문화산업은 이제 거스를 수 없는 시대적 요구인 것 같습니다. 제가 예전에 문화산업에 관한 자료를 들춰 보니까 1997~2006년 한국의 대표 상품인 반도체의 수출 총액은 231조 원인데, 같은 기간 책과 영화, 캐릭터 판권을 포함한 '해리포터'의 총 매출액은 308조 원이나 되더라고요. 문화콘텐츠는 또 기술력이 뒷받침되어야 하고요. 영화 〈스파이더맨3〉의 전체 제작비 3억 달러 중 1억 달러가 컴퓨터 그래픽 비용이었다고 하더군요. 우리 영화 사상 최고 흥행 성적을 남긴 〈괴물〉도 제작비 112억 원 중 50억 원을 컴퓨터 그래픽에 투여했고요. 기술력이 문화콘텐츠 경쟁력으로 이어지는 시대인 것을

도심텃밭에서 배추가 쑥쑥 자라고 있었다. 배추의 푸른 생명력에 우리는 감격했다.

감안하면 아시아문화중심도시가 가야 할 길도 답이 나와 있는 것 같은데요?

황지우 | 개인적으로 산업으로 변한 문화의 후폭풍에 상당히 시달렸던 사람입니다. 시장과 개인으로서 예술가가 어떻게 만나야 하는가, 어떻게 대응해야 하는가에 대한 고민이 많았습니다. 그때가 1980년대 후반인데, 광주에 은둔했어요. 6년쯤 숨어 살면서 시를 쓰고, 그

걸 묶어 『어느 날 나는 흐린 주점에 앉아 있을 거다』란 시집을 냈는데 난데없이 베스트셀러가 되어 있는 겁니다. 제가 시장에 등을 돌리니까 시장이 뒤에서 베스트셀러 현상으로 꿀꺽 삼키는 거예요. 내가 등 돌렸는데도 시장이 진공청소기로 빨아 당기는데, 과연 이것이 무슨 의미냐는 생각이 들었습니다. 그때 이런 게 시장의 속성이라는 걸 절감했어요.

그런 시장의 속성이 시대가 변하면서 문화산업으로 발전한 거죠. 앞으로는 우리 문화산업 부분의 총 매출이 지금보다 몇 배 이상 급팽창할 겁니다. 이미 문화가 자본으로 인식되는 피에르 부르디외의 주장 이래로 세계는 정치경제학이 아니라 문화경제학의 패러다임으로 전환됐어요. 아시아문화중심도시 광주가 그걸 간과하면 안 됩니다.

노희용 | 광주를 문화산업 클러스터로 키운다고 할 때, 결국 돈이 걸림돌이 될 겁니다. 중앙정부 주도로 막대한 예산이 투입되어야 하는데, 현 정권은 광주에 예산을 주는 걸 주저하는 눈치가 역력합니다. 기본 베이스인 아시아문화중심도시 예산도 지방정부가 감당할 수 있는 수준을 크게 넘어서는데, 지금의 정치구조에서 문화관광부의 막대한 예산 투자를 기대하기란 쉽지 않을 것 같습니다.

황지우 | 얼마 전에 상하이 'M50 예술촌'에 출장을 갔습니다. 그곳은 과거에 방직공장이 있던 지역인데, 그곳에 예술가들을 불러 들여 스튜디오를 하게 했어요. 재미있는 건 작가들의 스튜디오하고 거

기서 생산된 작품이 유통될 수 있게 갤러리를 전부 붙여 놨더라고요, 또 하나 눈에 띄는 것은 상하이 미술대학이 들어와 있다는 거였어요. 예술을 공부하는 학생들이 있고, 작가들이 실제로 작업하는 스튜디오가 중심을 잡고, 거기서 생산되는 작품들이 유통되는 구조, 그런 게 일종의 클러스터잖아요. 원래 방직공장 뒤편은 슬럼가였고, 공장들이 쏟아내는 폐수로 물이 시커먼 개천이 흘렀는데, 그런 곳이 환골탈태를 한 겁니다. 슬럼가 건물들도 크게 손보지 않고 예술가들이 담벼락에 색칠 좀 하고 유리를 붙이는 작업을 조금 해줬을 뿐인데 그 자체로 진정성이 우러나는 예술작품 같았습니다. 버려진 지역이 새롭게 창조도시가 된 거에요.

노희용 | 중국이 요즘 국가적 차원의 투자로 곳곳에 문화 창조도시를 만들고 있다고 알고 있습니다.

황지우 | 그런 걸 우리가 중국에서 배워야 합니다. 그냥 예산만 투입하는 게 아니라 스스로 굴러갈 수 있는 창조적인 클러스터를 만들어주는 방식 말이죠. 중국이 2008년 11차 5개년 경제계획을 세우면서 확 달라졌어요. 그전까진 세계의 공장으로서 메이드 인 차이나였는데, 이제는 크리에이티브 인 차이나로 모델을 바꿨어요. 그러면서 상하이 장강지구에 거대한 창조산업클러스터를 만들었어요. 성과가 대단히 커요. 영국이 토니블레어 정권 때 창조산업이라는 것을 경제정책으로 내놓았잖아요. 그때 프랑스가 비웃었습니다. 문화는 돈하고

클러스터로서의 문화중심도시를 강조하는 황지우.

상관없는 신성하고 고귀한 영역이라는 논리였는데, 2011년 미국에서 시작된 세계경제위기 속에서도 창조산업 부분만 연14% 이상 계속 성장을 합니다. 중국은 목표가 딱 정해지면 막대한 예산을 쏟아붓죠. 현재 국제연합무역개발협의회(UNCTAD)의 통계를 보니까 창조상품, 문화상품 분야에서 중국의 세계시장 점유율이 압도적인 1위에요. 점유율이 무려 21%입니다. 창조산업의 선두주자였던 영국은 6위로 처졌죠.

우리나라도 김대중, 노무현 정부를 거치면서 창조산업개념이 생겨나기 시작했는데, MB정권 때 다 깨져버렸어요. 궁극적으로 아시아문화중심도시 광주의 플랜도 창조산업클러스터로 가야합니다. 지금 추진단이 공연, 전시 중심이라는 아주 위험한 길로 가고 있습니다. 가치의 파생, 가치의 사슬을 만들지 못하는 거예요. 아시아문화전당의 프레임이 처음 만들어질 때는 생산개념이었는데 지금은 소비개념, 문화향유 방향으로 바뀌어 버렸기 때문입니다. 이게 아주 위험한 겁니다. 공연, 전시란 건 결국 국고 400억 원만 때려 넣고 끝나버려요.

황지우, '또라이 목민관'에 반하다

황지우 | 현재 동구도 대인시장에서 예술가들이 시장 안의 빈 점포에 들어와 활발하게 활동을 하고 있다면서요?

노희용 | 그렇기는 한데 한계가 분명한 것 같습니다. 결국 정부 예산을 받아서 움직이는 건데, 그 예산이 끊기면 예술가들의 작업도 그 순간 뚝, 단절되는 거죠. 대인시장도 레지던시와 좀 비슷한 것 같고요. 지속적으로 활동하지 못하고, 예산이 막히면 빠져나갈 수밖에 없는 구조입니다. 우리 정부에서 지원하는 레지던시도 예술가들의 자립구조와 상관없이 일정기간이 지나면 강제로 졸업을 시켜버리잖아요. 그러다 보니까 지속성이 떨어지는 겁니다.

황지우 | 한 사람이 종신으로 있을 수는 없지만 장기 거주가 중요해요. 상하이의 경우도 거기에서 활동하다가 유명해지면 나가버리는데, 그것은 어쩔 수 없는 현상입니다. 유명해지면 또 나가야죠. 근데

우리나라는 그냥 사람만 잃는 겁니다. 광주의 문화를 살리는 방식에 있어서도 가장 중요한 게 창의적인 개인들이 어떻게 상주하게 할 것인가의 문젭니다. 고급인력들이 광주에서 자리 잡고 살면서 아이들 학교 보내고, 자기들끼리 만나서 환담하다가 아이디어 나와서 작업하는 선순환 구조가 이루어져야 합니다. 창의적인 인재들의 상주문제가 궁극적으로는 아시아문화전당이나 문화도시 광주의 성공여부의 제일 큰 핵심과제일 것 같습니다. 고급인력들이 광주로 오게 만들 정책적 고민이 필요합니다.

노희용 | 거대한 틀인 아시아문화전당이 살려면 주변에 자생적인 문화 지류들이 함께 살아나야 하잖습니까? 동구 푸른길 주변에 한 작가가 허름한 집 한 채를 싸게 사서 개조한 다음 찻집 형태로 운영합니다. 그 찻집에서는 늘 지역작가들의 이색적인 전시회가 열립니다. 이름이 '신시와' 인데요, 환웅이 세웠다고 전해지는 고조선 이전의 신화적인 도읍지 신시神市에 기와瓦의 의미를 덧붙였다고 합니다. 분위기도 좋고 예술가들이 자주 방문해 창의적인 아지트 개념을 현실적으로 구축하고 있는 곳입니다.

황지우 | 그런 공간을 많이 만들어야 합니다. 그런 곳들이 클러스터의 핵이거든요.

노희용 | 그런데 신시와가 자리를 잡으니까 주변에 비슷한 공간을

하고자 하는 사람들이 늘어났는데, 그 바람에 주변 땅값이 갑자기 3배나 뛰어버렸습니다.

황지우 | 그런 걸 정책적으로 막아 줘야 하는데…, 상하이 같은 경우는 땅값이 안 뛰게 예술가들을 보호해주더라고요. 정책적으로 도움은 주고 예술가들의 커뮤니티에는 전혀 간섭을 안 해요. 자기들이 알아서 원칙을 정하고 식당이나 주점을 못 들어오게 막더라고요. 푸른길을 따라서 젊은 예술가들의 클러스터가 자연스럽게 이루어졌으면 좋겠는데, 시나 구에서 땅값 안 뛰게, '창조문화 클러스터' 같은 걸 하나 지정하시죠. 나중에 거기가 동구의 명소가 될 겁니다. 동구는 문화 자원이 많잖아요. 옛 광주의 핵이니까, 최근에 일본 교토에 갔을 때 문득 향수를 느꼈어요. 교토 거리가 동구의 동명동과 비슷한데 판자 울타리가 그대로 있고, 그 앞으로 도랑이 흐르는데 떠먹고 싶을 정도로 물이 맑아요. 그래서 동명동 앞에 어렸을 때 엄마 따라서 빨래하러 다니던 개울이 생각나는 겁니다. 그런 자원을 문화적 거점으로 살리면 좋겠습니다.

노희용 | 청장이 된 다음부터 푸른길 옆에 오래된 집을 월세로 얻어서 삽니다. 낡은 기와집인데요, 유리창을 드르륵 열면 좁은 마루가 있고, 10평쯤 되는 마당이 있어요. 마당엔 살구나무, 무화과나무, 감나무가 심어져 있고요. 처음 갔을 때 대문이 너무 낡아서 곧 무너지게 생긴 집이었는데, 마당이 아주 마음에 들었습니다. 결국 1,200만 원

폐선부지 주변 낡은 한옥을 고쳐 박성현이 운영하는 신시와.

들여서 집을 고쳤습니다. 보증금 없이 월세 20만 원에 살고 있는데, 이 집이 벌써 정이 들었습니다. 땅을 밟고 사는 데서 나오는 정서적 기운을 느낍니다. 살다 보니까 좋은 거예요. 2013년 5월에 들어갔는데 살구가 익었어요. 살구 따서 골목길에 아주머니들 나눠 드리고, 무화과 따서 나눠 먹고, 어떤 때는 퇴근하고 주민들하고 같이 마루에 앉

월세 20만 원을 주고 세 들어 사는 노희용 청장의 집, 해마다 5월이면 마당의 살구나무에 살구가 주렁주렁 맺힌다.

아서 술자리를 벌이기도 합니다.

황지우 | 아주 재미있네요. 이렇게 스토리가 많은 목민관은 처음 만나봅니다. 처음엔 주민들이 웬 또라이인가 했겠는데요?

노희용 | 처음엔 주민들 눈빛이 별로 안 좋았습니다. 불편하게 뭐 하러 왔느냐는 표정이었고요. 그런데 지금은 막역하게 지내니까 청장도 어려운 사람이 아니구나 하고 느끼시는 것 같습니다.

황지우 | 공간의 부활이군요. 젊은 청장인데 이야기가 많아서 좋네요. 저 어렸을 때 기찻길 주변에 살았는데 철도 옆에 마부들이 많이 모여 살았어요. 말하자면 마부 클러스터였던 거지요. 동구가 품고 있는 이런 역사적인 이야기들을 잘 살려야 합니다. 우리가 멀지만 보길도를 가잖습니까, 왜 갈까요? 보길도 그 자체 때문에 가는 것이 아니라 고산이 거기에서 살다 갔기 때문에 가는 거예요. 가서 고산의 숨결을 느끼는 겁니다. 고산이 거기 살면서 숨을 토했던 자리, 고산이 바라본 나무와 바닷가, 고산이 명명한 섬 이름들, 그런 스토리 때문에 가게 되는데 청장이 쓰러져 가는 폐가에 직접 몸을 담그고 생활하면서 죽었던 공간에 숨결을 불어넣고 있군요. 버려진 나무들이 토해내는 열매들, 살구와 무화과와 홍시를 나눠 주면서, 다쳤던 마음을 다시 열게 만드는 거죠. 늙어서 버려지다시피 한 도시의 몸을 치유하는 재활프로그램을 운영하고 있는 것 같은데요.

노희용 | 시인이시라 그런지 작은 일에 의미부여를 너무 크게 해주시는 것 같습니다. 문화를 품으려면 어떤 면에서 또라이적인 기질, 즉 파격 같은 게 필요할 것 같습니다.

황지우 | 방금 전에 언급했듯이 제가 교토 가서 감탄한 건, 도시 안에 삶의 문화가 살아 있다는 거였어요. 도심 안에 논이 있더라고요. 지네들 자랑거리겠지만 도심에 벼 심어놓고, 보리밭도 만들고요. 우리도 동구에 그런 삶의 문화를 꽃피워 보면 좋겠습니다. 요즘 도시를 문화적으로 재난한다고 할 때, 여기서 말하는 문화의 개념이 예전하고는 많이 달라요. 예전에는 문화라는 말 속에 공연이나 미술, 영화와 같은 장르 예술의 개념이 강했지만, 지금은 문화라는 말 속엔 삶의 개념이 훨씬 더 설득력 있게 투영되어야 할 것 같습니다.

노희용 | 선생님 말씀 깊이 공감합니다. 배고픈 매미가 개미에게 식량을 좀 달라고 하자 개미는 "내가 땀 흘리며 일할 때 너는 무얼 했느냐"고 물었답니다. 이에 매미는 "열심히 노래를 불러서 세상을 행복하게 만들었다"고 답했고요. 그러자 워커홀릭이었던 개미는 크게 반성하며 "함께 노래하고 춤추며 살자"고 했다는 쿠바판 이솝우화 '개미와 매미'에서 문화와 예술의 가치를 존중하는 쿠바를 읽었습니다. 요즘 문화생산자나 문화기획자로 살려는 사람들이 늘고 있는데, 그들의 에너지를 어떻게 문화경제의 재생산구조로 전환시킬 수 있을까 고민이 많습니다. 이 숙제를 풀 수 있도록 공부하겠습니다.

5·18의 기억,
아시아 문화의 꽃이 되라

쭝 찌아오 단장과의 대담은 대만 타이베이 시에 있는 그의 차사극단과 1914화산문화지구 일대를 돌아보며 진행됐다. 과거 양조장 밀집지역이었던 곳이 문화공간으로 다시 태어나자 과거를 기억하는 현재의 삶이 열렸다. 나는 1914화산문화지구에서 동구의 미래를 봤다.

노희용 | 타이페이역 근처니까, '1914화산문화지구' 여기는 도심 한 복판이네요? 한국 같으면 상상도 못할 일인데, 땅값이 비싼 도심 복판에 이런 문화공간이 탄생할 수 있다는 게 감탄스럽습니다. 1914화산문화지구를 그저 걷는 것만으로도 자생적인 문화의 힘이 느껴집니다. 문화를 품고 있는 공간의 힘이 묵직하게 다가오는데, 100년 동안이나 양조장이 몰려 있던 지역이라지요?

1914화산문화지구, 문화를 통한 마을의 귀환

쭝 찌아오 | 정확하게는 맥주공장들이 몰려 있었어요. 이곳 이름이 1914화산문화지구이지 않습니까? '1914' 는 바로 이곳에 맥주공장들이 생긴 시기를 가리킵니다. 올해로 꼭 100년이 된 셈이네요. 이곳에 변화의 바람이 불어온 건 1990년입니다. 사실 정부는 허름한 맥주공

장이나 주민들의 가옥을 전부 밀어내고 대규모 쇼핑센터를 지으려고 했습니다. 일부 구간에 대한 철거가 이미 진행된 상태였는데 주민들과 문화인들이 함께 들고 일어났죠. 100년 된 양조장들이 몰려 있는 공간의 상징성을 지켜낸 거지요.

노희용 | 문화지구로 특화 됐는데도 예술인들만 거주하는 건 아닌 모양이에요? 둘러보니까 일반 가정집도 상당히 눈에 띕니다. 서점이나 카페 같은 상업공간의 운영주체로 주민들이 참여하는 곳도 적지 않아 보이고요.

쭝 찌아오 | 철거 예정이던 마을을 예술인들과 주민들이 1914화산문화지구로 조성한 것입니다. 원래 200호 정도 주민들이 살았는데, 지금은 21가구 80명 정도가 거주합니다. 이곳의 건물들이 오랜 역사의 산물이라서 문화재급으로 보이잖아요? 새롭게 문화지구를 만든 게 아니라 전통이 살아 있는 건물을 리모델링한 뒤 문화를 입힌 겁니다. 아무리 타이페이시 차원의 지원이 뒤따른다 해도 주민이 함께 나서지 않으면 이런 변화는 불가능한 거죠.

노희용 | 중국과 대만의 경우 곳곳에 '문화창의지구'들을 짓더라고요. 중국 상하이는 세계가 주목하는 문화특구로 성장했고요. 다른 문화창의지구와 차별화 된 1914화산문화지구만의 특징도 있을 것 같은데요, 제가 볼 때는 공간의 역사성이 아닌가 싶습니다. 특히 문화특구

손가락이 가리킨 곳에 1914화산문화지구의 내면이 있다.

안에 도시재생의 의미가 함께 결합돼 있는 것 같이 보입니다.

쭝 찌아오 | 제대로 보셨습니다. 대규모로 만들어지는 문화 창의지구들이 상당한 의미를 내포하고 있지만 유행처럼 번지고 있는 것 또한 사실이거든요. 1914화산문화지구는 문화의 질이 아니라 내부적 가치를 우선시합니다. 요즘은 문화시장도 발걸음이 빨라 그냥 따라가면 마을의 고유한 문화를 잃어버리기 쉽습니다. 이곳은 예전에 도시의 기층민이 많이 살았던 지역이에요. 사실 대부분의 도시들은 팽창하면서 기층민의 기억을 거세시켜 버리잖습니까? 문화산업의 뿌리로서 삶의 기록을 잘 살려야 합니다. 도시의 급격한 팽창과정에서 소외된 기층민들의 생활을 보존하는 것이야말로 진짜 문화죠.

노희용 | 그런 측면에서 보면 광주 동구의 현재 상황과 1914화산문화지구는 많이 닮았네요. 광주 동구 역시 기층민들의 문화가 살아 숨쉬는 지역이 많습니다. 마부들이 모여 살았던 지역도 있고 나무꾼들이 집단으로 거주했던 마을도 있죠. 도시재생의 측면에서 그런 지역들을 문화특구로 살려보고 싶습니다.

쭝 찌아오 | 도시의 문화적 자산이란 게 거창한 틀 안에 놓여 있는 게 아닙니다. 주민들의 소소한 일상의 문화에 이야기를 어떻게 부여하느냐가 관건이지요. 1914화산문화지구의 경우 주민과 예술가들의 노력만 가지고 지금과 같은 모습을 갖춘 건 아닙니다. 행정의 적극적

인 지원이 있었죠. 여긴 공연하는 예술인들이 많아요. 왜 그럴까요? 행정이 야외극장을 만들고 공연예술인들에게 아낌없이 지원을 해줬기 때문입니다. 먼저 공연예술가들이 모이고 미술인들이 들어왔죠. 카페나 책방 같은 곳들도 생겨나고요. 올해는 3개 스크린을 갖춘 예술영화전용관도 생깁니다. 문화는 그렇게 일단 만들어 놓으면 자생적으로 진화하고 확장해 갑니다.

노희용 | 자생성이란 말이 아주 의미 있게 들립니다. 결국 자생성은 수익구조에 기반을 두잖아요. 공연을 해서 수익이 발생하고 그 돈으로 극단이 안정적으로 운영이 됐을 때 자생성이 확보되는 것 아니겠습니까. 행정은 1914화산문화지구 안에 들어와 있는 수많은 극단들에게 어떤 지원을 해줍니까?

쭝 찌아오 | 극단 자체에 대한 지원은 많지 않아요. 다만 극단은 커피숍 같은 상업공간의 운영권을 정부와 2년 동안 계약을 맺습니다. 대신 정부는 극단이 운영하는 상업시설의 임대료를 아주 낮게 책정해 줍니다. 그렇게 2년의 유예시간을 거쳐 극단이 자리를 잡으면 공연 수입만으로 자생할 수 있는 구조를 갖추는 거죠.

물론 정부지원을 받지 못하는 극단도 있어요. 여기는 극장이 여러 곳 있는데 신생 공연단체는 일제가 통치할 때 경찰서 건물로 사용했던 작은 소극장에서 먼저 공연을 시작합니다. 그곳에서 조명을 받고 극단 경영에 성공하면 정부에 요청해서 큰 무대로 활동무대를 옮기는

1914화산문화지구는 100년 된 양조장을 개조해 만든 대만의 대표적인 도시재생 모델이다.

방식이죠.

노희용 | 1914화산문화지구의 경우 문화적 연대나 교류 차원에서 다른 나라 예술인들의 입주를 반기는 것으로 알고 있습니다. 문화란 게 원래 여럿이 소통할 때 넓게 다져지는 속성이 있는 거잖습니까? 다른 나라에서 건너온 예술인들과 함께 공연을 기획하거나 같은 무대에 서기도 할 텐데요, 그런 국제적 교류가 1914화산문화지구의 문화적 영역확장에 어떤 영향을 미칩니까?

쭝 찌아오 | 교류는 언제나 외연을 넓혀 줍니다. 차사극단은 광주의 놀이패 신명과 연합공연을 수차례 했습니다. 우리는 주로 무대공연을 하고 신명은 마당극을 표방하잖아요. 무대공간적인 측면에서 안과 밖이 서로 만나는 거죠. 표방하는 무대가 다르기 때문에 차사극단과 신명은 공연의 스타일도 달라요. 두 극단의 연합공연은 서로 다른 것, 이질적인 것들이 만나 어떤 새로운 것을 창조하고 파급해가는 과정으로서 의미가 큽니다.

1914화산문화지구에는 5개월 정도 장기체류하는 외국 극단들도 많습니다. 1년이면 항상 20명 정도의 외국 예술인들이 머물러요. 대개 아시아 사람들입니다. 정부에 신청을 해서 들어오는데 교류를 통에 서로가 서로에게 많은 것을 가르치고 또 배우죠. 다만 외국 극단은 나갈 때까지 하나의 조건을 수용해야 합니다. 대만이나 타이베이를 주제로 한 공연을 한 편은 만들어야 합니다. 그 과정을 통해 아시아적 교류가 일어나는 겁니다.

아시아 문화 정체성1, 민중들의 시대정신을 공유하는 것

노희용 | 지구상에서 우리나라와 가장 닮은 나라가 대만이지 않을까 싶은데요? 광주에서 '5·18민중항쟁'이 있었다면 대만에서는 장개석 정부가 동족을 학살한 '2·28 사건'이 있었죠. 국가권력이 자기 기득권을 지키기 위해 국민을 상대로 자행한 테러가 반복됐고, 두 나라 모두 봉인된 진실을 찾기 위한 민중들의 시대정신이 살아 있습니다. 역사적으로도 일제의 식민통치를 받았고, 전쟁이 끝난 뒤 국가권력 재건과정에서 발생한 비극적 사건들까지 많이 닮아 있습니다.

쭝 찌아오 | 그렇습니다. 제가 한국 문화에 관심이 많은 것도 그 때문입니다. 한국의 예술인들과 자주 교류하는 것도 국가 간의 동질성이 작용하는 측면도 많고요. 한국 예술인들의 시대적 고민과 대만 예술인들의 시대적 고민이 다르지 않거든요. 그런데 일반 국민들은 서로에 대해 너무 무관심한 것 같습니다. 2·28 사건의 의미를 아는 한국인들이 얼마나 될까요? 또한 광주 5·18의 의미를 아는 대만인은 얼마나 될까요? 많지 않습니다. 대략 1% 정도입니다. 광주민중항쟁은 제3세계 국가가 겪은 동형同形의 역사적 모순이 직접 표출된 계기였다는 측면에서 매우 중요합니다. 저는 광주를 자주 방문했는데 우리의 연극을 보여주러 광주를 찾았던 게 아니라 광주를 알지 못하는 99%의 대만

사람들에게 광주의 5·18을 알려주기 위해 광주를 찾은 것입니다.

노희용 | 광주뿐만 아니라 대만도 그렇고, 아시아의 여러 나라들이 민주화운동의 경험을 가지고 있잖아요. 그 시대적 경험들을 어떻게 아시아의 정체성으로 변환시켜야 할까요?

쭝 찌아오 | 민주화운동 경험의 외연을 확장하려면 문화적 교류가 가장 빠릅니다. 제가 '미드나잇 엔젤' 이란 작품을 무대에 올린 적이 있어요. 그 작품이 세상에 나올 수 있도록 영감을 준 게 한국 김남주 시인의 시 「학살」 입니다. 시를 읽고 큰 충격을 받았고 그 문화적 충격이 저에게 새로운 작품을 만들도록 했습니다. '미드나잇 엔젤' 은 시와 인간의 몸, 음악을 총 결집시켜 광주의 시대적 비극을 이야기해요. 이런 걸 문화적 용어로 '그림자의 동반影約相隨' 이라고 합니다. 한국을 제외한 아시아 사람들에게 광주의 5·18은 생소합니다. 그런데 아이러니하게도 그 생소함으로부터 대중공연의 활발한 교류가 촉진됩니다. 김남주의 시 「학살」이 저에게로 와서 '미드나잇 엔젤' 로 다시 태어난 것처럼 말이죠.

노희용 | 말씀을 듣고 보니 아시아적인 측면에서 보면 문화를 통한 시대공유가 참 필요한 것 같습니다. 두 나라는 일제 식민통치의 공통점이 있고요. 일제 때 상해임시정부의 주석이었던 김구 선생이 이런 말을 해요. "우리의 부富력이 우리의 생활을 풍족히 할 만하고, 우리

해마다 금남로에서 열리는 5·18민중항쟁 전야제, 쭝 찌아오는 5·18을 파리코뮌 이후 민중들이 주도한 체제변혁의 가능성을 보여준 20세기의 가장 중요한 아시아적 경험으로 정의했다.

의 강强력이 남의 침략을 막을 만하면 족하다. 오직 한없이 가지고 싶은 것은 높은 문화의 힘이다. 문화의 힘은 우리 자신을 행복하게 하고, 나아가 남에게 행복을 주기 때문이다." 문화가 그만큼 중요하다는 걸 역설하신 것이지요. 시대적 아픔을 공유한 아시아 사람들이 서로 행복할 수 있는 장치는 문화교류라는 단장님 말씀 깊이 공감합니다.

쭝 찌아오 | 광주가 지금 아시아문화중심도시를 추진하고 있잖아요. 그런 의미에서 5·18민중항쟁의 기억을 문화의 첨병으로 전환시킬 필요가 있을 겁니다. 왜냐하면 광주의 5·18은 문화적 측면에서도 아시아에서 굉장한 상징성을 갖거든요. 광주항쟁 기간 동안 '시민정부'가 출현하잖아요. 그건 파리코뮌 이후 민중들이 주도한 체제변혁의 가능성을 밀도 있게 보여준 20세기의 가장 중요한 아시아적 경험이었습니다. 그런 역사를 아시아인들이 문화적으로 공유하면 그 폭발성은 대단히 크지요.

아시아 문화 정체성2, 아픈 시대적 기억을 현재화 하는 것

노희용 | 대륙문화가 해양문화를 복속시키는 과정이 동아시아 역사입니다. 그 때문에 선진적이었던 동아시아 문화가 유럽 문화에 훨씬 뒤처지는 결과를 낳았어요. 마르코 폴로가 『동방견문록』을 썼을 때만 해도 중국 중심의 동아시아 문화가 유럽 문화를 훨씬 앞서고 있었잖아요. 현재 동아시아를 점령한 문화는 사실 유럽의 장르문화들이

주류입니다. 이 상황에서 아시아 문화의 보편적 가치를 되살리기 위해 아시아는 어떻게 대처해야 할까요?

쭝 찌아오 | 유럽 문화든 미국 문화든 아시아를 포함한 제3세계 국가의 시신에서 보면 모두 식민주의 침달문화가 큰 비중을 차지합니다. 아시아 사람들은 일상생활에서 미국이나 유럽의 영향을 일찍부터 받아왔어요. 문화에 대한 문제는 단순히 민족주의 문제로 보기는 어렵습니다. 식민지배의 영향 때문인지 아시아인 스스로가 아시아의 문화를 가볍게 보는 경향이 있습니다. 은연중에 유럽 문화를 우월하게 보는 겁니다. 이제는 아시아가 품고 있는 문화가치의 재발견이 이루어져야 합니다. 그런 다음 아시아와 유럽문화를 초월해 전혀 새로운 유형의 글로벌 문화를 만들어야죠. 문화에는 국경이 없기 때문입니다.

노희용 | 아시아 문화의 가치는 세계사적인 틀 속에서 볼 때 저평가된 측면이 있습니다. 이를 견고히 하고 아시아 문화의 원류를 되살리기 위해 아시아문화중심도시 광주가 풀어야 할 숙제들이 무척 많습니다. 사실 광주가 아시아문화중심도시를 조성한다고 하면서 아시아라는 수식어의 범주도 제대로 확정하지 못하고 있거든요. 아시아문화전당이 개관을 준비하고 있는데 아시아의 다양한 문화들을 어떻게 포괄하고 연구하고 교류해야 하는지 단장님의 조언을 부탁합니다.

쭝 찌아오 | 지금까지 아시아 문화가 체계적으로 논의된 적이 없습

매주 동구에서 열리는 작은 문화공연을 먼발치에서 바라보는 노희용 청장, 얼굴에 웃음꽃이 피었다.

니다. 광주의 고민은 당연합니다. 광주가 이제 새롭게 아시아를 직면하고 있다는 점은 대단히 고무적인 일입니다. 사실을 알아야 합니다. 대부분의 아시아 국가들은 식민지배의 경험을 가지고 있고 그 여파로 정치적 민주화도 더뎠어요. 군부가 권력을 쥐고 있었던 나라가 무척 많잖아요. 최근 들어 아시아 민중들이 피를 흘리며 정치적 민주화를 이루기 위해 들불처럼 일어나고 있고요. 광주가 아시아를 담는다고 했을 때 아픈 시대적 기억을 기념비에 새겨 넣어야 할까요, 아니면 아픈 기억을 통해 새로운 가치를 창조해야 할까요? 당장 답이 나오지 않을 겁니다. 시간을 두고 지켜봐야 하는 과제지요.

노희용 | 아시아문화를 어떤 방식으로 담아야 하는가에 대한 고민은 아시아의 과거와 현재를 개념적으로 아울러야 한다는 해답을 전제하는 것이 아닐까 생각합니다. 사실 과거와 현재는 다르지 않고 과거 사람과 현재 사람의 고민 역시 다르지 않죠. 괴테가 이런 말을 했어요. "항상 사람들은 옛 사람을 연구하라고 말한다. 그런데 그것은 현실세계에 주의하고 그것을 표현하도록 힘쓰라는 말과 다를 바 없다. 왜냐하면 옛 사람도 그들의 생존 중에 그렇게 했기 때문이다." 결국 광주가 아시아의 현재성에 대한 고민에 충실할 때 과거를 포함한 아

시아의 정체성이 문화중심도시 안에 제대로 담길 것입니다.

쭝 찌아오 | 옳은 지적입니다. 아시아문화중심도시에 대한 광주의 고민도 지극히 현재적이어야 합니다. 막대한 돈을 들여 하드웨어를 만들고 있는데 문화를 파는 소비구조뿐만 아니라 문화를 생산하는 구조를 함께 만들어야 합니다. 간혹 창조산업의 사회적 의미를 가치 창출에만 두는 사람들이 있어요. 이런 건 현재를 중심에 둔 사고가 아닙니다. 이미 문화산업은 경제구조와 밀접한 관련이 있어요. 문화산업의 핵심은 생산액으로 가치를 반영하는 것이지 가치로 생산액을 대체하는 것이 아닙니다.

아시아 문화 정체성3, 주민들의 자발적 문화 감수성

노희용 | 선생님이 이끌고 있는 차사극단은 1996년에 설립된 것으로 알고 있습니다. 거의 20년이 다 되어가네요. 그 동안 무대에 올린 작품들을 보면 차사극단은 연극이라는 매체를 통한 사회비판에 비중을 두고 있는 것처럼 보입니다. 그런데 극단의 운영방식이 참 독특해요. 실무 담당 2명을 제외하고 전업배우가 없던데요. 이것은 전문극단이 아니라 아마추어 극단에 방점을 찍고 운영하시는 건지 궁금합니다.

쭝 찌아오 | 아마추어극단의 순수성을 지키려는 측면이 없지 않지만 전문극단에 가까워요. 다만 우리는 일상적 삶과 괴리된 채 전문성

에만 매몰된 연기를 원하지 않습니다. 직업으로서의 연기는 표현의 자율성을 침해합니다. 사회적 발언을 하는 데도 한계가 있고요. 일상성이 없는 사회비판은 공허할 수밖에 없고 관객들에게 진정한 울림을 주지 못해요. 각자 연극을 만드는 데 필요한 돈을 벌면서 동일한 가치로서 연극에 매진하는 거죠. 우리는 연극을 생업으로 삼고 매진하는 사람들이 아닙니다. 연극인이면서 동시에 도로를 까는 일용노동자이고 활동보조인이고 택배를 취급하는 기사로 일하는 생활인입니다. 사회비판적인 연극의 주제도 일상 속에서 건져 올리는 거죠.

노희용 | 생업과 연극을 병행하는 구조네요. 그럼 정부의 지원금 같은 것은 전혀 받지 않습니까? 한국에서는 민중문화운동을 전문으로 하는 예술단체들이 정부와 척을 지기 때문에 지원을 잘 안하는 경향이 있습니다.

쭝 찌아오 | 지원을 전혀 안 받을 수는 없죠. 대만도 한국과 크게 다르진 않아요. 그러나 대만은 반정부적인 특정 예술단체를 지원금의 수혜 대상에서 걸러내지는 않습니다. 다만 지원금을 받으려면 정부가 원하는 공연을 1년에 한두 개쯤 해야 합니다. 그렇지 않으면 지원금을 받을 수 없습니다. 대다수의 극단들이 자기들이 원하는 공연을 하기 위해서 정부의 요구를 수용하고 지원금을 받는 구조지요. 물론 선택은 극단의 자유의지입니다.

노희용 | 차사극단을 움직이는 가장 큰 내부 동력은 자발성인 것 같은데요. 지금 광주 동구에 가장 필요한 것도 주민들의 문화적 자발성이라고 생각합니다. 아시아문화중심도시가 큰 틀의 담론문화를 형성하면 그 거대한 시설을 품고 있는 동구는 마을 곳곳에서 지류문화를 형성해야 합니다. 그래야 큰 문화와 작은 문화가 상호 교류하며 서로 시너지 효과를 낼 수 있습니다.

쭝 찌아오 | 광주가 문화를 중심에 놓으려고 했을 때 행정이 정작 관심이 가져야 할 것은 시설이 아닙니다. 주민들의 일상 속에 문화가 얼마나 스며들어 있느냐가 아시아문화중심도시 성공의 척도로서 작용할 것입니다. 1914화산문화지구도 대만 창조산업의 핵심으로 성장했지만 정교하지 못해요. 1914화산문화지구가 만들어내는 문화가 타이페이 시민의 것이 아니고, 특정 집단의 문화로 고급화 돼서 비난을 받기도 합니다. 일반 시민과 괴리돼 있는 것입니다. 광주는 1914화산문화지구의 성공도 눈여겨봐야 하지만 한계를 더욱 면밀하게 분석해 볼 필요가 있습니다.

노희용 | 올해 들어 주민들의 문화감수성을 깨우는 프로젝트를 도심 곳곳에서 진행하고 있습니다. 원래 추운 겨울 두 달을 제외하고 1년에 10번 동구에서 대형공연이 열렸어요. 그 공연을 한 번 하는데 1,000만 원씩 들었죠. 그런데 아무리 공연을 반복해도 주민들이 구경꾼에서 벗어나지 못하는 겁니다. 그래서 방식을 바꿨지요. 동구 지역

주민들의 문화감수성을 깨우는 사물놀이.

에 있는 공연장 3곳을 선정해 매주 월·수·금요일에 공연을 합니다. 매주 한 번은 동구 지역에서 공연이 열리게 한 겁니다. 매주 월요일 A공연장에 가면 뭔지 모르지만 하여튼 공연이 열리고 있는 셈이죠.

쭝 찌아오 | 즐거운 월요일이군요.

노희용 | 그랬더니 참 놀라운 게 주민들이 구경꾼에서 벗어나는 겁니다. 이젠 월·수·금요일 모든 공연을 쫓아다니는 사람들까지 생겨요. 결정적으로 공연의 규모가 달라지니까 주민들의 반응도 뜨거워졌습니다. 대형공연일 때와 달리 아담하니까 심리적 부담이 적어서인지

주민들이 자발적으로 참여하는 겁니다. 흥이 나면 마을 사람들이 무대에 올라와 '막춤' 도 추고요. 그러면 사회자가 진행의 묘를 발휘해 가수를 대기시키고 주민들에게 노래도 시킵니다. 동네 사람이 노래하니까 객석의 반응도 달라지고요. 춤추고, 박수치고, 난리 나는 거죠.

쭝 찌아오 | 그런 과정을 반복해서 거치면 주민들이 머지않아 공연 자체를 기획하려고 덤빌 거예요. 주민이 무대의 중심이 되면 역으로 그때는 공연의 규모를 키워볼 필요가 있습니다. 노래만 부르는 게 아니라 연극무대를 옮겨 올 수도 있겠죠. 장르를 다양화 시키는 겁니다. 그게 축적되면 마을 사람들이 자발적으로 참여해 기획하고 준비하는 축제 하나가 만들어지게 될 것입니다.

노희용 | 우리 구는 1970년대와 1980년대 광주 동구를 복기하는 '충장축제' 를 매년 가을에 엽니다. 행정이 주도하지만 주민들의 자발적 참여가 덧붙여지지요. 축제는 5일 동안 진행되는데 특히 첫날 거리퍼레이드는 지역 주민 1만 명이 참여합니다. 사람들이 집단적으로 연출해내는 문화적인 힘은 정말 장관이죠. 마을마다 사람들이 머리 맞대고 테마를 만들어 스스로 연출합니다. 그러니까 거리퍼레이드를 하는 동안 주민들의 문화적 에너지가 폭발하는 겁니다.

쭝 찌아오 | 그런 힘들이 모여야 지역축제가 세계적인 축제가 되는 겁니다. 문화산업 확장성의 근거지요. 제가 최근 2년 동안 일본의 '대

지예술제'와 '세토우치 바다예술제'에 참여했어요. 지역주민들의 힘으로 축제가 만들어지기 때문에 축제기간 동안 마을에 활력이 넘치지요. 전 세계에서 관광객들도 몰려들고요. 그 축제를 기획한 사람이 기타가와 후람인데, 세계적으로 유명한 큐레이터죠. 그는 축제의 의미를 이렇게 정의합니다. '대지예술제와 세토우치 바다예술제는 단순히 세계 정상급 예술가와 많은 사람들의 초청으로 개최되는 국제 예술전시가 아니라 세계인에게 우리의 태도를 보여주는 것이다. 즉, 지구상의 모든 땅과 그 위에서 살아가는 사람들을 소중히 생각하고 하나로 연결시키는 것이자, 하나의 제의[祭儀]다.' 정말 중요한 건 축제에 참여하는 주민들의 태도에요. 그 태도에 철학적 의미가 담기고 자발적 참여가 담기면 모두가 감동합니다. 저는 아시아의 도시 중에서 무엇보다 광주를 아끼고 사랑합니다. 오늘 광주에서 오신 젊은 단체장의 말을 듣고 기대도 되고 관심이 더 갑니다. 광주정신이 아시아의 꽃으로 피어날 수 있도록 지지하고 성원하겠습니다.

노희용 | 네, 선생님 여러 말씀 고맙습니다. 중세 르네상스시대에는 배를 정박시키는 닻과 파도를 가르며 전진하는 돌고래의 형상이 많이 사용되었습니다. 멈춤과 나아감이 사실은 하나의 의미인 거지요. 닻과 돌고래는 '천천히 서둘러라'는 르네상스 시대의 정신을 담고 있습니다. 이 역설의 인문정신을 동구청의 행동강령으로 삼아 주민들과 함께 문화도시 동구를 찬찬히 만들어 가도록 노력하겠습니다.

노희용의 경청

마을에 천하가 있다

마을 중심의 복지 생태계를 꾸려라

_최옥채

보편적 복지, 강력한 세금으로부터 나온다

현재를 바꾸는 출발, '될성부른 생각'

텃밭에서 발견한 마을복지

복지 · 인권

인권, 머리에서 가슴으로 가는 가장 먼 여행 _김중섭

인권, 나를 위한 것, 이웃을 위한 것
전국 기초자치단체 최초의 인권담당관실 신설
진짜 인권행정, 소외된 노인이 주체로 서는 것
광주정신, 가장 아름다운 인권

마을 중심의 복지 생태계를 꾸려라

최옥채 교수와의 대담은 동구노인복지관에서 진행됐다. 그와 대화를 나누는 동안 마을공동체를 통한 복지 생태계의 밑그림이 그려졌다. 이제 내게 남은 일은 밑그림 위에 주민의 일상성을 채워 넣는 것이다.

노희용 | 우리 사회에서 복지라는 말이 사회적 화두루 등장한 게 그리 오래지 않습니다. 복지가 사실 정치적인 언어로 우리 사회에 전격 등장한 측면이 없지 않은데요, 2010년 말이었던가요? 오세훈 서울시장이 무상급식 문제를 놓고 주민투표를 시행하면서 보편적 복지와 선별적 복지논쟁이 시작됐습니다. 결과적으로 투표율 미달로 투표함을 열어보지도 못하고 오세훈 시장이 사퇴했는데, 그걸 보편적 복지의 승리로 볼 수 있을까요?

보편적 복지, 강력한 세금으로부터 나온다

최옥채 | 그렇게 보긴 어렵습니다. 다만 복지의 패러다임을 어느 정도 바꿔놓은 건 사실입니다. 무상급식을 둘러싼 복지논쟁이 일단락되면서 복지의 틀이 정립되기 시작한 거라고 보는 게 적절할 것 같습니다. 선택적 복지에서 보편적 복지로, 수직적 복지에서 수평적 복지

로, 일방적 복지에서 상호적 복지로 그 영역과 개념이 점차 발전해 가고 있는 겁니다. 하지만 여전히 복지에 관한 논쟁을 정치권이 자기 이익에 의해 주도하고 있는 게 우리의 현주소지요. 사실 복지는 사람의 삶과 직접적인 연관을 맺고 있어서 큰 틀의 국민적 합의가 선행돼야 합니다. 보편적인 복지를 실현하기 위해서는 가진 사람이 없는 사람을 위해 나누려는 상호부조의 마음이 우선시 되어야 하는 거죠. 이런 사회복지의 본질이 제대로 이뤄지지 않고서 보편적 복지는 성공할 수 없습니다.

노희용 | 제 생각엔 복지가 결국 예산을 분배하는 비율의 문제이기 때문에 정치와 완전히 분리될 수는 없어 보입니다. 정치학자 해롤드 라스웰은 『침팬지 폴리틱스』에서 정치를 '누가 무엇을 언제 어떻게 얻는지 결정하는 사회적 과정이다' 고 정의하잖아요. 정치란 결국 한정된 재원을 개별 사회집단 사이에 배분하는 방식과 관련돼 있고, 누가 무엇을 얼마나 갖는지가 핵심이라는 점에서 복지로 귀결되는 측면이 깊죠. 무엇보다 복지의 정치적 속성이 늘 갈등으로 비화되는 건 아니잖아요. 성공적으로 복지국가를 만들어낸 유럽 선진국들을 보면 복지가 갈등의 요소라기보다 계층 간 긴장감을 해소하고, 집단의 갈등을 비등점 아래로 낮추는 치유의 역할을 담당하는 걸 확인할 수 있잖습니까.

최옥채 | 유럽과 우리나라는 일단 사회구조가 다릅니다. 정부가 보

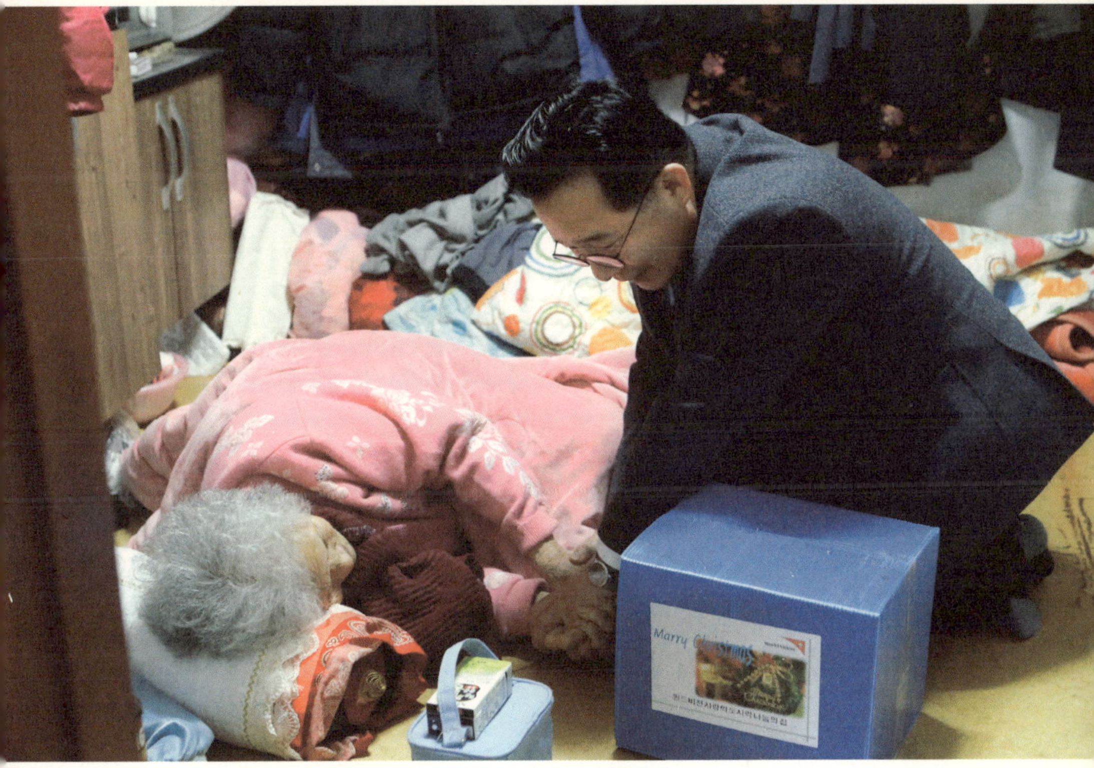

동구의 독거노인을 찾아 마음으로 손을 붙잡은 노희용 청장.

편적 복지를 실현하기 위해서는 경제 민주화가 먼저 추진되어야 하고, 강력한 부자증세를 통해 재원을 마련하는 게 우선이죠. 그런데 현실은 어떻습니까? 부자 증세는 철저히 외면하면서, 선거 때만 복지 공약들을 난발해 정치적 이익을 지키는 수단으로 이용합니다. 복지 재원을 확보할 방법이 없는데, 다양한 복지정책을 통해 국민행복시대를 펼치겠다는 것은 국민을 기만하는 행위일 수 있습니다. 한정된 재원과 예산으로 모든 국민들에게 보편복지를 제공하겠다는 것은 맞지 않아요. 국가의 한정된 재정을 생각한다면 당연히 사회복지 대상 또한 한정될 수밖에 없는 겁니다.

노희용 | 선생님의 진단을 듣고 있으니까 우리 사회복지란 무엇인가에 대한 성찰을 담아내는 문화생성이 필요하다는 생각을 하게 됩니다. 선생님은 복지를 어떻게 규정하신가요?

최옥채 | 복지는 인간의 존엄을 유지시키는 사회적 합의이자 국가권력의 작동체계여야 한다고 생각합니다. 복지의 속성이 그렇기 때문에 저는 보편적 복지를 지지하고 옹호합니다. 문제는 우리 사회가 보편복지를 빠른 시일 안에 이룰 수 있느냐는 것인데, 쉽지 않아요. 보편복지는 상호부조의 마음이 일상성 안에 담보되어 있어야 가능합니다. 허나 우리 사회는 어떻습니까? 사회양극화와 빈부격차가 심화되고 있지만 보수적 정치인들은 부자들과 대기업들의 이익만 대변하죠.

노희용 | 결국 우리 사회의 구조적인 측면 때문에 복지가 갈등을 해소하는 게 아니라 갈등 유발자의 형태로 나타난다는 진단이시죠? 공론의 장에서 벌인 복지논쟁을 보면 복지가 갈등의 뇌관으로 작용한 게 사실인데요, 무상급식, 반값 등록금, 무상보육 등은 여전히 논쟁 중입니다.

그렇다면 갈등 해소로서 복지에 대한 답을 얻기 위해 눈을 해외로 돌려 보는 게 좋을 것 같은데요, 스웨덴은 세계적인 복지강국입니다. 스웨덴도 몇 개의 대기업 매출이 국내총생산GDP의 65%를 차지할 만큼 부가 집중돼 있어요. 하지만 스웨덴은 GDP 대비 사회복지지출이 30%에 가까울 만큼 사회적 재분배 역시 철저히 이루어지고 있습니다.

최옥채 | 예산이라는 게 결국 세금으로 이루어집니다. 스웨덴 복지의 비밀도 풀어놓고 보면 별로 어렵지 않아요. 세금을 강력하게 걷어서 골고루 분배하는 방식이죠. 이게 하루아침에 되었겠습니까? 스웨덴의 복지구조는 거의 1세기 동안 진행된 사회적 합의의 결과물이고, 대외 환경의 변화에 따라 끊임없이 변신을 거듭해 온 유연함의 소산입니다. 우리가 경제성장만을 향해 치달을 때 1970년대 스웨덴은 공격적으로 복지를 확대했습니다. 1966년 9년 의무교육제를 시작으로, 1968년 아동가정 주택보조비, 주 40시간 근무는 1971년에 펼쳤습니다. 뒤이어 1972년 출산 유급휴가제, 1974년 부모보험제 등의 복지정책이 그때 도입된 겁니다. 이런 걸 실행하려면 돈이 필요하죠. 자연스럽게 세금도 뛰어 올랐습니다. 스웨덴의 세금부담률은 1940년대 15% 수준에서 1960년 28.7%를 거쳐 1970년 40.1%까지 치솟았어요. 세금부담이 가장 높았던 2000년에는 52%를 기록했고, 지금도 47% 수준이에요. 강력한 세금으로 국민 모두가 더불어 함께 사는 거죠.

노희용 | 세계경제가 간단치 않아서인지 스웨덴도 2000년대 들어

서 세금부담률이 오히려 줄고, 시장경쟁 같은 복지와 전혀 안 어울리는 개념들이 도입되는 것 같더라고요. 우리나라도 요즘 공기업 민영화 논란이 한창인데, 스웨덴도 우체국과 통신서비스분야를 민영화했습니다. 의료분야의 경쟁체제 도입과 연금제도에 대한 대대적 수술이 이루어졌고요. 약국도 민영화됐지요. 스웨덴의 그런 현상을 들어 우리나라에서 복지확대에 반대하는 세력들도 있는데, 선생님께서는 그

가장 힘이 센 복지는 뭘까? 최옥채 교수는 마을 중심의 복지 생태계를 그 모델로 제시했다.

런 논리에 대해 어떻게 생각하십니까?

최옥채 | 따지고 보면 그건 복지의 확대를 반대하는 게 아니라 기득권들의 자기방어 논리입니다. 복지를 늘리려면 스웨덴처럼 세금을 늘려야 하는데 자기 돈이 많이 나가니까 그게 아까워서 억지 논리를 펴는 겁니다. 장하준 교수의 말마따나 '비만 환자가 다이어트 한다고 하니 영양실조 환자도 따라하는 격' 인 거죠. 스웨덴은 현재 한국과 비슷한 수준인 1인당 국민총생산GNP 2만 달러였던 1987년에 이미 GDP 대비 공공사회복지 지출이 30%에 육박했습니다. 1인당 GNP가 2만 4,000달러를 넘어선 현재 우리나라는 그 비율이 10%에도 못 미치죠. 억지도 그런 억지가 없는 겁니다.

현재를 바꾸는 출발, '될성부른 생각'

노희용 | 국가적 차원의 복지도 중요하지만 제가 기초 자치단체를 맡고 있다 보니까 지역사회 차원의 복지안전망이 더 절실해 보입니다. 사회복지 서비스 안에는 생활에 관련된 공공시책이나 제도의 부족 또는 결함을 사회복지 서비스로 보충하는 보충성의 원리가 작동되어야 하잖아요. 사실 지금까지는 그 보충을 국가가 해주는 게 아니라 가족 구성원들끼리 감당했고, 그게 결국 물질만능주의로 연결된 것 같습니다. 집안의 가장이 무너지면 집안 전체가 함께 무너지는 결과를 낳았으니까요. 우리 사회가 빈익빈 부익부 현상이 심각해지면서

덩달아 가족붕괴와 해체도 가속화 되고 있는 것 같은데요, 지역사회 차원의 사회안전망은 어떤 모습이어야 한다고 보십니까?

최옥채 | 국가는 너무 크고 가족은 아주 작습니다. 그 중간 단계가 마을인데, 저는 지역사회 차원의 사회안전망은 공동체의식을 바탕으로 꾸려진 마을과 이웃들의 나눔의 실천을 통해서 이뤄진다고 봅니다. 제가 오래전부터 구상하고 있는 게 있는데, 마을에 10여 명 안팎으로 구성된 '정다운 공동체' 같은 걸 한 번 운영해 보시면 어떨지 모르겠습니다. 그 공동체가 먼저 나눔을 실천하는 것이죠. 중요한 건 그들 중 절반 정도는 경제적으로 여유가 있는 사람들을 참여시켜 가진 사람이 없는 사람을 지원하는 방식입니다. 복지는 결국 상호부조이니까요.

노희용 | 마을공동체 운동이 지역복지의 출발이라는 견해에는 전적으로 동의합니다. 하지만 전통적 의미의 마을공동체와 현대적 의미의 마을공동체는 구조적으로 많이 다르다고 봅니다. 예전에는 노동을 통한 생산적 관계였다면 지금은 취향과 지향성에 의한 호불호의 관계인 경우가 대부분입니다. 마을은 돌봄과 치유의 기본단위이고, 개인과 가족은 마을의 하위체계죠. 그런데 요즘 사회적 분위기를 보면 공동체로 뭉치기보다 개인화, 파편화 되는 경향이 고착되는 것 같습니다. 그래서 부서진 조각들을 공동의 틀로 묶어내는 게 마을공동체운동의 시작이자 끝이라고 생각합니다.

최옥채 | 가족끼리도 흩어지는 세상이니까요. 급격하게 파격화 되는 원인이 무엇일까를 고민해 봤는데, 제 결론은 주거환경의 변화와 하루가 바쁘게 변하는 정보화에 기인한다고 봅니다. 도시사람들 대부분이 아파트에서 사는데 옆집에 누가 사는 줄도 잘 모르잖아요. 특히 요즘 스마트폰처럼 무서운 게 없습니다. 사람들이 옆에 누가 있어도 대화를 하기보다 스마트폰만 들여다보고 있어요. 옆 사람과의 관계맺음에는 관심이 없고, 실체가 없는 사이버 세상과 소통하고 있는 거지요. 마을공동체운동의 핵심은 관계회복이고, 우리가 잃어버린 인간미를 되찾는 것에서부터 시작합니다. 서로 얼굴을 봐야 뭐가 일이나도 일어나고, 유쾌한 모의도 꾸며지지 않겠습니까?

노희용 | 그렇습니다. 현재를 바꿔나가는 출발점은 '될성부른 생각(seminal ideas)' 인 것 같습니다. 만나서 자꾸 생각을 교환하는 순간부터 변화가 일어나는 거잖아요. 제가 볼 때 마을복지도 생각의 변화에서 시작되는 것 같고요. 복지예산은 늘어나는데, 그 돈을 현명하게 쓰는 방법을 몰라요. 중앙정부는 복지예산을 내려 보내고, 지자체는 위로부터 내려오는 그 예산을 단지 대상자에게 전달하는 역할만 해온 거죠. 수직적 복지였던 겁니다. 이런 방식으로는 복지의 사각지대에 놓여 있는 복잡하고 다양한 복지대상을 감당할 수 없습니다. 수직적 전달체계에서 복지의 중심이 지금까지 지자체에 있었다면 이젠 마을 단위의 풀뿌리 시민단체, 주민자치단체, 봉사단체, 종교단체가 함께 머리를 맞대야 합니다. 수평적 복지가 딴게 아니라고 생각합니다. 그

"현재를 바꿔나가는 출발점은 '될성부른 생각'인 거 같습니다. 수직적 복지를 탈피하고 수평적 복지를 시도해야 할 시점입니다."

"풀뿌리 시민단체나 주민들의 자발성만으로는 마을 중심의 복지생태계를 쉽게 만들지 못해요. 관과 민이 만나 복지거버넌스를 함께 꾸려야 해요."

게 바로 참여고, 참여가 곧 자치죠.

최옥채 | 서울시가 요즘 '희망 온돌 프로젝트'를 하고 있잖아요. 그게 바로 말씀하신 개념입니다. 대다수의 풀뿌리 시민단체들이 마을단위에서 어려운 이웃을 돌보기 위해 다양한 기관과 협력하는 일종의 복지생태계를 구축하는 겁니다. 그런데 여기에 맹점이 하나 있습니다. 풀뿌리 시민단체나 주민들의 자발성만으로는 마을중심의 복지생태계가 쉽게 만들어지지 못한다는 거예요. 복지정책의 대부분을 책임지는 지자체와 복지관의 참여 없이는 제대로 된 복지생태계를 만들기 어렵죠. 결국 관과 민이 만나 복지거버넌스를 함께 꾸려야 하는 것이죠.

노희용 | 제가 행정을 하면서 마을복지를 추진하다 보니까 머리로는 어쩔 수 없다 하면서도 가슴으로 걸리는 게 하나가 있습니다. 지역사회는 전부 노출돼 있잖아요. 특히 광주 동구는 단독주택으로 구성된 마을이 많아 노출이 다른 지역에 비해 훨씬 심합니다. 개인이 가지고 있는 자원의 양과 질을 주변 주민들이 전부 아는 겁니다. 그래서인지 사회적 약자들인 여성, 장애인, 독거노인들이 온전히 존중받기보다는 수혜의 대상으로 치부돼 권력관계가 형성되는 사례들이 종종 있습니다.

최옥채 | 그런 현상은 마을복지의 문제라기보다 사실 인간의 욕망

과 관련된 측면이 많다고 생각합니다. 동구뿐만 아니라 사람 사는 동네에서는 항상 일어납니다. 인간은 약간의 틈만 발견되면 그 사이를 비집고 들어가 권력 구도 위에 서고 싶어 하는 욕망이 있잖아요. 그래서 보편적 복지가 중요하지요. 무상급식 논란의 출발점이 뭡니까? 밥을 굶을 형편의 아이들에게 학교에서 공짜로 밥을 주는데, 수혜 대상의 아이들은 자기가 공짜 밥 먹는다는 게 노출되는 걸 극도로 꺼립니다. 그런데 결국 노출될 수밖에 없어요. 자존심이 상해서 차라리 굶어버리는 아이들도 많았죠. 복지가 시혜로 변질되는 순간 복지가 폭력으로 변하는 겁니다.

노희용 | 마을복지를 추진할 때 가장 고민인 게 도대체 마을의 단위를 어느 정도로 구분해야 하느냐였습니다. 동 단위일 수도 있고, 옛날 자연마을 단위일 수도 있는데, 마을의 기본 단위를 어느 정도로 구성해야 마을복지의 효과가 높게 나타날 수 있는지 항상 고민입니다.

최옥채 | 상당히 어려운 문제인데요, 그 고민의 해답을 일본 다카하마시의 마을복지 사례에서 찾을 수 있을 것 같습니다. 나고야 인근 도십니다. 다카하마시 인구가 5만 명 정도니까 광주 동구의 절반 수준일 것 같습니다. 한때 인구가 너무 적어 인근 도시와 통폐합 위기를 겪기도 했어요. 일본은 오래전부터 지역단위, 마을단위에서 공동체를 조성하기 위해 힘써 왔습니다. 일본은 '마찌쯔꾸리 운동', 우리말로 하면 마을만들기인데 이를 통해 지역의 거주율과 주민 중심의 삶의

질을 향상시키기 위해 노력해 왔습니다. 그 중심에 다카하마시가 놓여 있어요.

다카하마시의 복지마을만들기 활동은 아주 독특한데, 행정구역과는 무관합니다. 초등학교 학군 중심의 구역으로 나눠져 있어요. 그러니까 초등학교를 함께 다녔고 자녀도 함께 키우는 공간을 마을만들기 규모로 설정한 거죠. 대략 인구 1만 명 미만의 소지역이 마을의 기초단위가 됩니다. 이러한 구역은 같은 학교를 다니거나 다녔던 공통점과 그로 인해 형성되는 관계를 기반으로 묶은 거죠.

노희용 | 의미 있는 방법 같습니다. 우리 동구도 다카하마시의 마을복지 사례를 도입해 볼 필요가 있어 보입니다.

최옥채 | 꼭 그러실 필요가 있는 게 다카하마시의 경우 마을복지를 위한 지자체의 행정적인 노력이 돋보입니다. 다카하마시에서 공무원이 승진을 하려면 필수적으로 마을 특파원으로 파견됩니다. 주민들과 마을공동체에서 일하며 함께 호흡을 맞춰야 하는 거죠. 이 과정에서 행정의 칸막이가 없어지고, 오히려 행정이 주민 중심의 마을공동체를 지원하는 거버넌스 구조가 만들어져요. 특히 마을의 복지기관들이 '이키이키히로바'라는 이름의 위원회를 결성합니다. 주민 참여형 워크숍 같은 거죠. 위원회는 다카하마시의 복지행정과 공동으로 사무실을 쓰며 마을복지를 위해 통합적인 힘을 발휘합니다. 민과 관의 협업을 통해 마을주민이 주체로 등장하고, 훌륭한 마을리더가 성장하고,

주민들의 자발적이고 주체적인 참여로 복지마을공동체가 구축되는 거예요.

조금 전에 말씀하셨던 시혜적 마을복지에 따른 권력의 문제도 다카하마시의 사례를 통해 해결할 수 있다고 봅니다. 다카하마시 남부 마을협의회 같은 경우 장애아를 둔 가족과 장애인들에게 마을사랑방 1층의 레스토랑의 운영을 위탁합니다. 장애인들이 부모들의 돌봄을 넘어 마을공동체 구성원으로 참여하는 거지요.

노희용 | 어떤 경제학자나 복지전문가도 제대로 진단하지 못한 게 우리 사회의 급속한 고령화입니다. 우리나라의 고령화율은 세계 역사상 가장 빠른 속도입니다. 2012년 한국보건사회연구원은 생산인구 감소추세를 예측하는 연구결과를 내놨습니다. 2060년 14세 이하 인구 10.2%, 65세 이상 인구 40.1% 전망이라는 수치는 사회부양비용의 급증을 예고하는 것입니다. 광주 동구도 대표적인 고령화 지역입니다. 광주의 경우 노인인구가 증가할 수밖에 없는 구조인데, 재정자립도는 매우 열악합니다. 생산성은 낮고 사회적 비용이 높은 기초자치단체에서 할 수 있는 일은 한계가 있습니다. 복지비용은 늘고 재정은 열악한데. 이러한 상황을 극복할 대안은 있을까요?

최옥채 | 우리 사회는 사람이 60세까지 일하고 70세에 사망하는 것을 전제로 복지정책을 만들고 시행했습니다. 그러는 동안 갑자기, 정말 어느 날 갑자기 70세까지 일하고 85세에 죽는 세상이 된 것 같

습니다. 이제 금방 또 85세까지 일하고 100세에 죽는 세상이 될 거예요. 고령화라고 하는 누구도 예측하지 못한 요인이 정확한 복지정책의 수립과 시행을 더욱 어렵게 만들고 있는 거죠.

고령화 문제는 누구도 쉽게 풀어내지 못합니다. 오히려 주민들과 터놓고 대화하는 게 좋다고 생각합니다. 대안을 주민과 함께 찾는 거죠. 다만 멀리 봐야 합니다. 우리 사회가 매우 짧은 시간에 큰 성과를 얻으려고 하는데, 이런 성과주의는 결국 전시행정을 부추깁니다. 모든 일은 어려움이 있고 쉬운 게 있지 않습니까? 당연히 쉬운 것부터 일을 시작해 점점 영역을 넓혀 나가야죠. 예컨대 어르신들을 위한 직업재활 프로그램을 먼저 만들고, 다시 노인과 장애인의 마을공동체를 만드는 겁니다. 이걸 기반으로 협동조합 만들고, 다시 사회적 기업으로 넓혀 나가면 좋을 것 같습니다.

노희용 | 어찌 보면 우리 사회의 복지문제는 매듭이 전부 얽혀 있는 것 같습니다. 고령화 문제가 저출산과 연결되고, 저출산은 또 교육복지와 맞물려 있죠. 유럽처럼 교육비만 안 들어도 출산율이 크게 늘어날 겁니다. 돈 벌어서 자식들 교육비로 전부 쏟아붓는 구조니까요. 동구의 경우 저출산 문제를 해결하기 위해 출산장려금을 지급하고 있습니다. 셋째아이의 경우에는 천만 원을 지급하고 있는데, 효과적인 방법은 아니더라고요. 그런데 또 다른 뾰족한 수가 없습니다. 동구의 재정상태로 보면 출산장려금이 상당한 부담이지만 다른 대안이 없어 중단할 수도 없는 겁니다.

다름과 틀림을 구분하는 사회를 만드는 것, 그것이 가장 훌륭한 장애인 정책이다.

최옥채 | 누구나 알고 있어요. 출산장려금으로 저출산 문제를 근본적으로 해결할 수는 없습니다. 출산장려금은 마치 노름꾼과 같지요. 사실 셋째아이 출산장려금 천만 원이 많은 것 같지만 그 아이를 키우는 데 들어갈 돈을 감안하면 껌 값입니다. 아이 하나 낳아서 대학까지 보내는데 2억 7,500만 원 정도 든다고 합니다. 어마어마하지 않습니까? 저출산은 결국 국가가 풀어야 할 문제입니다. 다른 것 필요 없고 이미 진단한 것처럼 교육복지만 제대로 이루어지면 수월하게 해결될 겁니다. 자식 학원비를 벌기 위해 엄마가 도우미로 일을 해야 하는 상황이니, 말 다했죠. 이 문제를 자치단체가 푼다면 서울 성미산마을처럼 육아와 교육으로 특화된 마을공동체를 만드는 방법밖에 없어요. 문제는 이것도 근본적인 해결책은 아니라는 겁니다. 그 마을을 떠나 버리면 끝 아닙니까, 교육구조가 바뀌어야죠.

노희용 | 이제 우리 사회도 다문화 사회에 접어들었습니다. 다문화 가정, 이주노동자, 외국인 거주 비율이 증가하고 있습니다. 이미 이주민 숫자가 100만 명을 돌파했고요. 특히 광주 동구는 2015년 아시아문화전당의 개관을 앞두고 있어 외국인 이주민들의 정착 인구가 크게 늘어날 것으로 보입니다. 정주민과 이주민들의 어우러짐이 참 중요할 것 같은데, 이게 참 쉬운 문제가 아닙니다.

최옥채 | 우리가 여전히 다름과 틀림을 구분하지 못하고 있어요. 이주민들은 단지 우리와 다를 뿐인데, 그걸 틀림으로 인식하고 색안

경을 끼고 봐요. 비장애인이 장애인을 바라보는 시선도 다르지 않습니다. 예를 들어 북한에서 목숨을 걸고 탈출해 남한으로 넘어온 새터민 청년들이 문화의 차이가 아니라 남한 사람들의 멸시감 때문에 남한을 떠난다고 그럽니다. 다문화가정을 이룬 동남아 여성들은 대놓고 천대하죠. 이게 백인들이 유색인종 무시하는 인종차별과 뭐가 다릅니까? 정주민들이 다름을 인정하고 같음을 발견하는 자세를 가져야 합니다. 우리 사회는 이주민들에게 무턱대고 우리 문화를 배우고 적응하라고 강요하죠. 이주민들을 위한 최고의 복지는 서로가 서로의 문화를 함께 배워서 서로 같은 사람인을 발견해 주는 것 이니겠습니까?

텃밭에서 발견한 마을복지

노희용 | 수직적 복지는 한계가 분명하잖아요. 수평적 복지가 중요한데, 그 종착역이 마을복지라고 확신합니다. 마을복지는 결국 공동체 형성을 통해 이루어지는데 저에게 비책이 하나 있습니다. 돈도 적게 들고, 참 단순하지만 효과는 엄청 크죠.

최옥채 | 그런 게 있어요?

노희용 | 빈집을 철거하고 마을텃밭을 만드는 겁니다. 동구에 스러져가는 빈집들이 아주 많습니다. 빈집은 사람의 기운이 빠져서 2~3년만 지나면 처마가 무너져 내리기 시작하고 그야말로 귀신 나오는

텃밭 안에 담긴 우주를 실천한 동구의 도심텃밭.

집이잖아요. 탈선장소가 되기도 하고요. 그런 빈집문제로 골머리를 앓았는데, 2013년 올해부터 예산을 확보해 빈집을 정비했어요. 철거 비용이 천만 원 정도 드는데, 소유자가 승낙만 하면 그 비용을 구청이 부담했고요. 대신 3년 동안 빈집 철거한 땅의 운영권은 동구가 갖습니다. 그렇게 만들어진 땅을 텃밭으로 만들어 주민들에게 무료 분양을 했어요.

최옥채 | 도심텃밭은 마을만들기의 기본이고, 다른 지역에서도 많이 하는 걸로 아는데 그렇게 효과가 큽니까?

노희용 | 광주 동구는 좀 독특합니다. 재개발 문제 때문에 갈등과 반목이 생겨서 이웃끼리 얼굴도 안 보고 지내는 경우가 많습니다. 분양 공고를 내니까 28명이 신청을 했어요. 그렇게 주민들이 땅을 몇 평씩 받았는데, 하필이면 앙숙지간에 바로 옆 땅을 분양받은 거죠. 텃밭이란 게 모종 심어놓고 가물면 날마다 와서 물 줘야 하잖아요. 그러니까 서로 얼굴이 마주치는 겁니다. 처음엔 서먹하게 인사만 하다가 대화를 나누는 거고요. 똑같이 물 주는데, 자기 건 덜 자라고 남의 건 쑥쑥 자라니까 비법을 묻습니다. 그러다가 서로 화해를 하는 겁니다. 밭 매다가 서로 막걸리도 한 잔하고, 그러면서 불쑥 공동체가 형성되더라고요.

최옥채 | 텃밭 안에 우주가 있다더니, 저는 그게 단순히 시적인 표현인 줄로만 알았는데 현실의 문제였네요. 그런데 그 마을텃밭은 무

상으로 분양합니까?

노희용| 그렇습니다. 텃밭의 힘이 주민들간 화해에서 끝나는 게 아니었습니다. 무료로 얻은 땅이니까 주민들이 이웃을 돌아봐요. 배추를 키운 사람들이 함께 모여서 김장하고, 김치를 담가서 3분의 2는 동네 어려운 이웃들과 함께 나누는 겁니다. 누가 시켜서 하는 게 아니라 자발적으로 그렇게 합니다. 지금도 계속 빈집을 헐고 있거든요. 2014년 올해는 아마도 그런 마을텃밭이 30개쯤 더 생길 것 같습니다. 더불어 주민 공동체가 30개 생겨나는 거죠. 인구 150만 대도시 원도심의 땅을 비워두는 것도 자본주의적 사고로 보면 대단히 충격인데, 그곳에 건물을 올리지 않고 마을텃밭을 만든다? 문화적인 충격 또한 큽니다. 서울에서는 땅값 때문에 엄두를 낼 수 없는 일입니다.

최옥채| 영국의 경우 정원이 없는 집에 사는 저소득층 주민들에게 텃밭을 분양하더라고요. 돈은 조금 받는데, 아주 상징적인 개념으로 5파운드 정도를 받아요. 우리 돈으로 환산하면 만 원정도 되지요. 저소득층 주민들을 위한 텃밭을 시에서 만들어서 분양하는 겁니다. 흙을 만지는 사람들은 품성이 좋아지잖아요. 텃밭을 통해 개인주의 사회에서 마을공동체 의식이 피어나는 거죠.

노희용| 텃밭의 개념과 의미를 조금만 더 확장하면, 도심경작을 통한 마을기업을 만드는 것도 가능할 거라고 봅니다. 서울 노원구 중

계동 청구아파트 주민들의 경우 아파트 옥상에 텃밭을 만들어 친환경 채소를 재배하다가 결국 '㈜청구이엠환경' 이라는 마을기업까지 만들었잖아요. 음식물 쓰레기에 친환경 미생물을 섞어 퇴비를 만들고, 그걸 이용해 채소를 재배하는 거죠. 장애인 자활단체와 연계해 세탁비누도 만들고, 그렇게 벌어들인 돈으로 마을독서실도 운영합니다. 텃밭이 마을복지로 연결된 거지요.

최옥채 | 요즘 사회복지는 아래로부터의 개혁이 본격화 되고 있습니다. 지금의 사회복지계는 마을만들기가 전체 분위기를 주도하고 있고요. 이 현상이 얼마를 갈 수 있을지 모르겠지만 참으로 긍정적인 현상인 것만은 분명합니다. 공동체정신을 바탕에 둔 마을기업들이 곳곳에 생겨나면 복지문제가 자연스럽게 해결될 수 있을 겁니다. 아직은 걸음마 단계니까 중앙정부나 지방정부의 지원이 필요하지만 '협동조합기본법' 이 제정됐기 때문에 마을기업들의 성장을 도울 수 있고요.

노희용 | 우리 사회도 이제 협동조합에 대한 인식이 바뀌어서 여러 사람의 협동으로 꾸려가는 기업이 시장에서 작동할 수 있다는 걸 이해하기 시작한 것 같습니다. 우리나라는 지금까지 1%의 대기업이 전체를 좌우하는 구조였는데, 협동조합은 반대로 '99%의, 99%에 의한, 99%를 위한 기업' 으로 정의되잖아요. 이탈리아의 에밀리아로마냐처럼 협동조합이 경제의 주류가 되면 복지에 대한 고민도 자연스럽게 덜어질 것 같은데요?

최옥채 | 그렇지요. 협동조합은 생산과 소비가 함께 움직이는 거니까 그만큼 복지 혜택을 간절히 필요로 하는 사회적 약자들이 줄어드는 결과를 낳죠. 뉴질랜드의 낙농업자들은 매달 제 날짜에 월급처럼 우유 대금이 들어와요. 협동조합을 통해 판로가 확보되는 겁니다. 그들은 젖소를 건강하게 관리하고 안전한 우유만 생산하면 되는 거예요. 에밀리아로마냐를 말씀하셨는데, 거긴 협동조합의 천국입니다. 우리의 대형마트에 해당하는 최대 소매업체가 전부 협동조합이죠. 건설사와 은행은 물론이고, 박물관과 공연장도 협동조합으로 운영됩니다.

노희용 | 마을단위의 협동조합을 통한 사회적 복지가 요즘 곳곳에서 시도되고 있잖아요. 협동조합은 경쟁의 생산에서 협동의 생산으로 변화를 모색하는 방식으로 읽힙니다. 협동조합은 사회적 약자들의 아름다운 위기대응방식으로 평가받습니다. 그 이유가 경제적 약자들이 공동으로 자금을 출자해 민주적으로 집단 경영을 하기 때문인 것 같습니다. 출자한 사람 개개인 모두가 주인인 거지요. 협동조합은 경제적 목적보다 사회적 목적에 방점이 찍혀 있는데, 이미 유럽에서는 보편화 된 경제시스템이죠. 마지막으로, 협동조합을 통한 사회적 복지가 우리나라에서도 가능한 건지 묻고 싶습니다.

최옥채 | 당연히 가능합니다. 이미 실현되고 있잖아요? 아이쿱생협이라고 아시죠? 2010년에 배추 한 포기 가격이 1만 5,000원까지 치솟아 금배추로 불렸던 배추파동이 일어났을 때 생협 매장에서는 배추

한 포기를 1,800원에 팔았어요. 중국산도 아니고, 우리 농민들이 정성껏 가꾼 품질 좋은 배추가격이 그랬습니다. 어떻게 이런 가격이 가능했을까요? 협동조합이었기 때문입니다. 아이쿱생협은 그런 파동에 대비해 소비자 회원과 생산자들이 매달 가격안정기금을 조금씩 모아 30억 원을 적립해 놨어요. 그중에서 4억 원을 풀어 농민들에게는 거의 제 값으로 가격 보존을 해주고, 소비자에게는 시중보다 10배 가까이 싼 1,800원에 배추를 팔았던 겁니다. 소비자와 생산자 모두에게 이익인 경제구조, 이런 게 바로 진짜 복지입니다.

노희용 | 사회적 경제를 실천하는 그러한 작동방식을 행정에서도 적극적으로 수용해야 할 것 같습니다. 문제는 행정의 조급한 성과주의인데, 눈에 띄고 계량이 용이한 가시적인 양적 지표에 집착할 수밖에 없는 행정의 구조를 어떻게 변화시킬 것인지 고민될 때가 많습니다. 어둡고 비정상적인 방법으로는 세상이 바뀌지 않잖습니까, 그 만큼의 헌신과 희생이 세상의 변화를 이끌어내는 거지요. 행정의 리더십은 합리성에 기초합니다. 그런데 행정운영방식이 합리성에 매몰되면 결단보다는 조율에 의존하게 됩니다. 도전하고 극복하면서 선명한 가치 중심의 일들을 모색하는 것이 아니라 조정에 치우치다 용두사미가 되는 일들이 많습니다. 이는 자치의 퇴보를 낳을 수밖에 없고 행정의 실패를 예비하는 작동법이기에 늘 경계하면서 자치역량을 끌어 올리겠습니다.

인권, 머리에서 가슴으로 가는 가장 먼 여행

김중섭 교수님과의 대담은 장동 알암인권작은도서관에서 진행됐다. 작은 공간에서 인권 광주의 이야기가 피었다. 최소한 광주는 모든 사람을 품어줘야 한다. 인간의 권리를 잃고 신음하는 사람들에게 권리의 일상상을 확보하는 게 광주정신이고, 다함께 사는 대동세상이기 때문이다.

노희용 | 저는 17년을 공무원으로 살았습니다. 행정을 시작할 때부터 행정에도 눈물이 있다는 말을 자주 했습니다. 행정은 사실 법의 테두리 안에서 예산을 집행하는 거거든요. 엄정하고, 공정성과 객관성을 유지하는 게 최우선의 가치죠. 그러나 대민관계를 맺다 보면 딱한 상황에 놓인 사람들이 아주 많습니다. 법은 그렇지 못하더라도, 최소한 행정은 사회적 약자들의 눈물을 닦아줄 수 있어야 한다고 생각합니다. 눈물이라는 개념이 어찌 보면 인권과 유사한 행정의 철학이 아닐까 생각합니다.

인권, 나를 위한 것, 이웃을 위한 것

김중섭 | 눈물 흘리는 것, 그건 사람의 존엄을 몸 밖으로 드러내는 표현양식이잖아요. 억울한 일을 당해 아픈 눈물을 흘리는 사람을 보

면 아픈 마음이 들어옵니다. 때문에 같이 울 수도 있는 거고요. 아픔이 있는 사람을 행정의 중심에 놓고 그분들을 우선시하는 것, 사실 그게 인권입니다. 인권이 모든 사람에게 똑같이 적용되는 것 같지만 그렇지 않은 것이 현실입니다. 인권은 현재 어려움을 겪고 있는 사람들에게 훨씬 더 간절합니다. 사회적 부를 가졌거나 권력을 가진 사람들은 굳이 인권 얘기 안 해도 다 보장 받고 살잖아요.

노희용 | 인권이란 게 결국 사람 사는 이야기로 귀결된다고 생각합니다. 인권이란 말은 범람하지만 그 중심에 사람이 놓여 있지 않은 것 같습니다. 인권이란 말, 조금 공허한 느낌이랄까요, 사람을 중심에 두지 않고 다른 외적인 것에 무게를 두는 경우가 많기 때문입니다. 제도라든지, 권력의 문제라든지, 돈의 문제라든지 이런 것에 너무 많은 에너지를 허비하고 있다는 느낌입니다. 인권은 결국 내가 어떻게 남에게 양보하고, 적게 가지면서 만족하고 사느냐의 문제 아닐까 생각합니다. 내가 적게 가지면 남이 많이 가지는 거고, 그게 결국 남을 돕는 일이잖아요. 내 지분을 줄이면 남의 지분을 넓혀주는 결과를 낳으니까요.

김중섭 | 맞습니다. 그래서 저도 눈물이 있는 행정이 인권행정으로 이어질 거라고 생각합니다. 처음 인권에 대해 공부할 때 학자인 저도 사실 인권이 너무 막연했어요. 그래서 기본적인 것부터 생각을 해봤습니다. 나와 내 주변 사람들이 존중받는 것, 결국 인권이 사람 중심

으로 귀결되더라고요. 서로 간에 차별이 없는 세상, 폭력이 없는 사회를 만들려면 많이 가진 사람이 자기 지분을 덜어 덜 가진 사람에게 양보하는 방법밖에 없습니다.

노희용 | 행정을 하면서 어떻게 눈물을 보듬어 안을까 고민이 많았습니다. 행정은 법 아래에서, 법을 집행하는 과정에서 부여받는 권한이 하나 있는데요, 그게 재량권입니다. 지금 광주 동구에도 힘든 분들이 많습니다. 동구에는 재개발 조합이 많은데 해체를 원하는 곳들이 늘고 있습니다. 그런데 그동안 쓴 이부은 매몰 비용이 너무 많습니다. 매몰비용은 건설회사가 주민들에게 빌려준 돈인데, 많게는 25억 원씩 되는 지역도 있고, 기본적으로 1억~2억 원은 바닥에 깔고 있어요. 그 매몰비용을 국가에서 대신 보전해 주면 좋은데, 법대로 하면 지원해 줄 리가 없죠. 이게 기본적인 악순환 구조입니다. 건설회사는 경기가 안 좋으니까 재개발을 한없이 미뤄요. 그러면서 주민들이 조합 해체를 원하면 '내가 준 돈 내놔' 하면서 버티는 겁니다. 주민들이 옴짝달싹 못하는 배경입니다.

김중섭 | 엄밀하게 보면 행정이 주민들을 거들어 주는 일들은 법을 어기거나 공공성을 해치는 일이 아닙니다. 물론 도덕적 해이는 경계해야겠죠. 우리 사회가 큰 틀의 고민을 해볼 필요가 있어요. 무엇을 위한 행정인가, 누구를 위한 사회인가, 스스로에게 자문해 봐야 합니다. 민주주의 사회에서 법이 제일 중요하니까, 법대로 움직이는 게 맞

아요. 그런데 법의 속성이, 법을 자의적으로 해석하거나 제멋대로 행하는 걸 허용하지 않는 것이지, 행정이 또는 이 사회가 사람들이 사람답게 사는 걸 막아라 하는 것은 아니잖습니까? 행정이나 사회적 책임을 맡고 있는 사람들이 부여된 권한을 무엇을 위해 쓸 것인지 고민해야 합니다. 법을 기계적으로만 적용한다면 그건 아무나 할 수 있는 일입니다. 단순히 법집행이나 효율성, 경제성만을 따지면 결과적으로 행정이 사람을 잃어버리는 결과를 낳죠. 사람 없이는 행정도 없어요.

노희용 | 제가 전국 기초단체 중에서는 최초로 광주 동구에 인권담당관실을 만들었습니다. 그걸 만들어 놓고 나니까 사람들이 '당신이 말하는 인권이라는 게 도대체 뭐냐?' 고 물어요. 사실 우리 사회에 인권이란 말은 넘치지만 그 의미가 피부로 와 닿는 건 아니잖아요. 저는 거대한 이념적 가치로서의 인권보다 현실적인 개념이라고 답합니다. 사람이 한 발짝 뛸 때 사람으로서의 권리를 보장받는 것, 그래서 아, 내가 인권을 보장받는구나, 이렇게 느낄 필요도 없이 행복한 상태, 이런 게 인권이라고 답합니다. 물론 현실 안에서 인권의 일상화를 이룬다는 건 말처럼 쉽지 않지만요.

김중섭 | 역사적 개념으로 볼 때 인권은 사회적 약자들의 자기해방 수단이었고, 무기였어요. 자기 권리를 빼앗긴 사람들이 권리를 되찾아오기 위해 인권의 가치를 붙든 거죠. 세계인권선언도 있고 국제인권협약도 있지만 결국 중요한 건 우리가 살고 있는 삶과 인권이 어떤

노희용 청장에게 인권은 “행정에도 눈물이 있다”는 신념으로부터 시작된다.

관계냐는 것입니다. 인권이 나와 무슨 관계가 있느냐고 의문을 품는 사람들이 많습니다. 인권은 나를 위한 것이고, 이웃을 위한 것이고, 조금 더 나아가면 우리 사회를 위한 것입니다.

예를 들어 친구랑 길을 같이 가는데, 그 친구가 장애인일 수 있잖아요. 임산부일수도 있고, 노인일 수도 있겠죠. 그분들과 육교를 건너야 하는데 가파른 육교 계단을 딛고 올라가기가 쉽지 않아요. 나는 건강하니까 육교를 오르는 게 쉽지만 내 친구는 올라갈 수 없습니다. 그때 친구를 버려두고 혼자 육교를 건너가야 할까요? 그럴 수 없는 게 사람의 정인데, 만약 육교에 완만한 경사로나 엘리베이터가 설치돼 있다면 친구와 편하게 건널 수 있겠죠. 결국 친구와 같이 동행을 했으니 나도 도움을 받은 것입니다. 인권은 그렇게 당사자만의 문제가 아니라 나에게도 필요한 것이고 우리 이웃에게 필요한 것입니다. 공기와 같은 거지요.

노희용 | 생각해 보면 인권은 지금은 내 문제가 아닐 수도 있지만 결국엔 내 문제로 되돌아오는 것 같습니다. 인권은 약자를 보호하는 장치이지만 나를 위한 거지요. 사람은 누구나 사회적 약자가 될 수 있는 거죠. 지금 당장 젊고 건강해도 누구나 나이가 드니까 노인이 되고 갑작스런 사고로 신체적 장애를 얻을 수도 있고요. 인권은 멀리 있는 게 아니고 지금 나부터 당장 필요한 것이라고 생각합니다. 지금 내가 건강하다고 다른 사람의 인권을 외면하면 내가 인간의 권리를 박탈당했을 때 아무도 도와주지 않을 겁니다.

김중섭 | 지방행정은 사람들이 살아가는 생활현장과 가장 밀착돼 있어요. 사람들의 일상과 가장 가까이 존재하는 게 지방행정이죠. 그래서 인권이라는 말 자체가 가진 모호함에 구체성을 심어주는 일을 지방행정이 꾸준히 담당해야 합니다. 적어도 공공시설에는 누구나 쉽게 드나들 수 있는 통로를 만들어줘야 하는 거죠. 행정은 주민 전체를 위해 일을 해야 하는데 사회적 약자들을 소홀하게 취급하는 경향이 있어요. 그들은 발언권이 적거든요. 장애인이나 노약자들 이런 주민들은 배제해 놓고 건강한 주민만을 대상으로 삼는 행정은 인권행정 혹은 민중행정이 아닌 거지요.

노희용 | 교수님, 사실 인권행정에 대한 선험이 어디에도 없잖아요. 그래서 주민뿐만 아니라 구청 직원들도 인권을 아주 막연하게 생각하는 것이 일반적입니다. 먼저 막연한 인권을 개념화시키는 게 필요하겠다는 생각을 했어요. 우리 행정에는 정치, 경제, 사회복지, 문화, 환경, 교통, 건설 등 아주 다양한 분야가 있잖습니까? 하나의 분야를 기능별로 보면 도대체 인권이 어디에 위치하는지 알 수가 없습니다. 하지만 각 분야마다 하나의 중요한 가치들은 있죠. 이동권이라든지, 환경보존의 가치라든지, 문화를 누릴 권리라든지, 근데 인권이라는 가치를 가지고 잡아 당겼을 때 모든 행정의 기능들이 전부 딸려 나옵니다. 인권이 그만큼 사람 가까이에 있는 거라고 생각합니다.

김중섭 | 인권행정에 대한 깊이 있는 분석입니다. 예를 들어 건축

모든 상가에 장애인들이 움직일 수 있는 통로를 만들어주는 것, 그것이 인권이다.

을 담당하는 부서의 입장에서 보면 건축과 인권은 서로 먼 것처럼 느껴지잖아요. 그런데 건축을 하는 과정에 인권적인 요소를 가미시키면 어떨까요? 예컨대 장애인 이동권 문제는 건축설계 과정부터 제도적인 인권의 프로세스를 작동시키는 거지요. 또 주민센터를 만든다고 할 때 방의 배치에서도 인권적인 요소를 반영시키고요. 장애인들이 많이 사용하는 방은 쉽게 이용할 수 있도록 1층에 배치하는 겁니다. 어린이 도서관을 만든다면 아이들이 밝은 곳에서 책을 읽을 수 있게 남향에 배치하는 겁니다. 젖먹이 엄마들을 위해 수유실을 만드는 것도 인권의 문제죠. 기계적으로 1층은 사무실, 2층은 도서관, 수유실은 남은 한쪽 구석에 배치하면 인권을 배려하지 않는 건물이 되는 거죠. 생각만 조금 다르게 하면 인권과 관계되지 않는 것이 없습니다.

전국 기초자치단체 최초의 인권담당관실 신설

노희용 | 시청 사회복지 과장 시절, 지체장애인 시설을 자주 갔어요. 가면 저는 거리낌 없이 앉아서 함께 밥을 먹고, 부둥켜 안고, 볼도 쓰다듬고 그럽니다. 그런데 일부 직원들은 장애인들과 함께 섞이지 못하고 쭈뼛거려요. 겁이 나서 손도 잘 못 잡는 겁니다. 그런 건 호통쳐서 해결될 문제가 아니죠. 그때 이런 게 사람마다의 차이구나 하는 걸 느꼈습니다. 그 차이를 깨려면 어떻게 해야 할까 고민하다가 취임하고 곧바로 인권담당관실을 만들었습니다. 모든 행정이 인권과 맞닿아 있음을 알기에 동구 행정의 핵심적 기준을 인권으로 삼은 것입니다.

김중섭 | 인권담당관실을 만든 건 동구의 모든 주민들이 인간의 존엄을 느끼고 사람답게 살았으면 하는 마음 아니었습니까? 사람은 간혹 크고 먼 곳으로만 시선을 돌릴 때가 있어요. 정작 가까운 곳에 있는 인간의 권리를 놓치죠. 청소노동자들이 동구청에도 계시지요? 청소노동자들은 하루 종일 쓰레기와 싸우고 땀 흘려 일하니까 샤워가 필요합니다. 근데 샤워실이 없는 관공서가 무척 많아요. 넥타이 매고 사무실에서 일하는 사람과 청소노동자의 여건이 다르니까 샤워실을 만들어 주는 것, 일의 특성에 따른 배려가 필요한 거죠. 그런 게 인권입니다.

노희용 | 취임하고 보니까 우리 동구청에도 청소노동자들을 위한 시설이 하나도 없었습니다. 동구청 청소노동자가 40여 분 되는데, 샤워실은 고사하고 휴게실도 없어요. 간혹 계단에서 앉아 식사를 하시는 청소노동자분도 계시고요. 이래선 안 되겠다 싶어 샤워실과 휴게실을 하나씩 마련했습니다.

김중섭 | 인권담당관실을 만들어 운영한 게 9개월쯤 지났죠? 아주 사소한 거라도 변화들이 감지됩니까?

노희용 | 공직내부의 변화가 조금씩 확장되고 있음을 느낍니다. 저는 공무원 노조와 대화를 자주 합니다. 사람이 가장 먼저라는 가치가 서로 통한 거죠. 사실 공무원 노동운동가들도 스스로의 권리를 위해

오랫동안 싸워온 사람들 아닙니까? 자기 권리가 소중한 사람들은 남의 권리가 소중한 줄도 알거든요. 노조와 대화할 때 역지사지 해보자고 할 때가 많습니다. 노조의 권리만 주장할 게 아니고, 우리의 고객인 주민들의 인권도 같이 생각을 해 보자고요. 그러면 의외로 쉽게 반응합니다. 주민이 곧 직원들의 부모형제고, 구청을 나서면 직원들도 주민이니까요. 주민들이 느끼는 인권의 체감온도 역시 많이 따뜻해졌습니다.

김중섭 | 인권은 잠깐만 방심해도 금방 무너져 버립니다. 그 속성을 간과하면 안 돼요. 유지를 유해선 지속적인 교육이 필요하고, 인간의 권리가 항시적으로 보장될 수 있는 사회구조를 만들어가야 합니다. 마을공동체 복원은 인권과 밀접한 관계를 맺습니다. 전통적인 따뜻한 사람들의 관계인 이웃과 함께 살면 인권지수도 함께 높아져요. 인류학자들의 연구를 보면, 종족들끼리 자주 싸움을 벌이는 곳은 교류가 막혀 있으니까 오해를 키우고, 자꾸 싸운다는 것을 밝혔습니다. 이웃 관계를 회복하면 갈등이 사라지고, 인간에 대한 배려의 마음도 커지는 것이 인지상정입니다.

노희용 | 그렇습니다. 그런 관점에서 평생 인간의 권리를 위해 싸우다 간 넬슨 만델라 대통령의 말을 자주 떠올립니다. "한 인간을 겨냥한 불의의 행동은 결국 모든 인간에 대한 불의이다. 따라서 정의를 수호하고 인류의 존엄성을 보호하기 위해서는 모두가 함께 나서야 한

동구는 전국 기초자치단체 중 최초로 인권담당관실을 만들었다. 그 작은 시도가 지금 노란 은행잎처럼 인권 동구를 세상 속으로 밀어올리고 있다.

다."고 말했죠. 인권은 모두 함께 지키는 것이고, 공동체 안에 인권을 실현하는 것이 중요하다고 생각합니다.

우리 사회가 남성에게 권력이 치우쳐 있고, 여성들은 상대적으로 사회적 약자잖아요. 제가 올해 '여성중심의 인권마을만들기 주민컨퍼런스'를 계획하고 있습니다. 상금을 1억 2,000만 원 내걸 거예요. 각 동별로, 아파트 단지별로 또는 시민사회단체별로 아이디어를 내는 거죠. 여성인권과 관련된 좋은 아이디어가 있으면 많게는 2,000만 원을 상금으로 주는 겁니다. 그 아이디어를 모아 발표회도 하고요.

김중섭 | 좋은 생각이네요. 여성인권과 관련된 어떤 아이디어들이 나올 거라 예상합니까?

노희용 | 여성인권은 마을이 함께 결합돼 있잖아요. 마을마다의 특색이 담긴 아이디어들이 많이 나올 거라 기대하고 있습니다. 아주 좁고 음침한 골목길이 있는 마을이면 귀가길 안전과 관련된 아이디어들이 나오겠고요. 가령 보안등이나 비상벨, 안내도우미 같은 제도가 요구될 것이겠지요. 도심이나 아파트 단지 같으면 감시카메라 문제가 논의되겠지요. 또 여성들끼리 수행할 수 있는 프로그램이나 공간을 요구하기도 할 것 같습니다. 다문화가정 같으면 사회적 차별문제를 꺼내 놓을 수도 있겠고요.

김중섭 | 인권은 전체의 문제이기 때문에 마을만들기나 인권도시

만들기, 이런 데 관심이 많습니다. 그런 일이 추진되는 현장에도 많이 참여했어요. 경험에 따르면 주민들이 주체적으로 참여하는 게 중요합니다. 주민들이 먼저 이게 우리 거구나 느끼고 자기 문제 해결을 위해 스스로 나설 때 파문이 크게 번집니다. 그러니까 주민들이 자기들의 인권문제를 들여다볼 수 있는 눈을 먼저 만들어야 되는 거죠. 상금이 관심은 끄는 장치는 되겠지만 궁극적으로 인권을 마을에 뿌리내리게 할 수는 없습니다. 행정은 그냥 지원자, 후원자, 조력자인 거죠. 자기 문제를 해결하는 중심에 주민이 설 수 있게 하는 것이죠. 주민컨퍼런스를 일회성이 아닌 지속적인 프로그램으로 만들어야죠. 그럼 올해보단 내년이 나아질 테고, 주민들의 인권역량도 함께 성장할 것입니다.

노희용 | 교수님 말씀, 동의합니다. 주민이 중심에 서는 게 인권과 자치의 종착역입니다. 상금이란 표현을 썼습니다만 사업비를 지원해 주는 겁니다. 그 돈으로 아이디어를 낸 그대로 한 번 해보라는 것입니다. 그럼 주민들이 머리 맞대고, 지지고 볶고 하면서 틀을 만들 거고요. 다만 아이디어 평가를 해서 사업비를 주고 등급을 정하면 주민들이 내년에는 더 좋은 아이디어를 내려고 하겠지요. 사업비를 받아서 직접 집행해 보면 책임감도 생기고, 마을의 변화를 스스로 이룬 거니까 자부심도 생길 것이고요. 그러면서 결국 주민들이 아, 이게 자치구나라는 걸 체감하고 체득할 수 있으면 좋겠습니다.

김중섭 | 그런 과정을 거치면 주인의식이 생기잖아요. 주인의식이

정말 중요한데, 그게 개인일 수는 없다는 거죠. 개인이 아니라 마을에 사는 모든 사람들이 연결돼 있다는 인식이 생겨야 합니다. 아파트의 가장 큰 병폐가 파편화잖아요. 나는 있고, 우리가 없는 거죠. 예를 들어 마을에 굉장히 중요한 인권보호 장치로 CCTV가 필요하다고 했을 때, 그걸 다느냐 마느냐를 결정하는 건 통장 한 사람이 하면 안 된다는 것이죠. 마을의 어떤 사람은 인권보호를 위한 CCTV가 오히려 개인의 인권을 침해한다고 느낄 수도 있거든요. 논의의 가정을 생략하면 분란이 생기기 마련이니까요.

진짜 인권행정, 소외된 노인이 주체로 서는 것

노희용 | 인권도시 동구를 생각할 때, 항상 마음에 밟히는 게 어르신들의 인권입니다. 동구에는 광주의 다른 지역보다 노인 비율이 압도적으로 높습니다. 광주시 평균의 2배죠. 경로당만 107개나 되거든요. 어르신들의 건강권도 문제지만 생존권이 절박한 경우도 많아요. 경로당에서 어르신들이 일거리를 찾는데, 쉽지 않습니다. 뜨개질을 해볼까 시작하면 눈이 침침하고 팔다리가 쑤시는 거죠. 그래서 제가 가전제품 만드는 회사에서 아주 단순한 조립 부품 맞추는 일을 소개해줘 봤어요. 그냥 끼우면 되는 거죠. 근데 손도 떨리고 허리도 아프고 몸이 안 따라 주는 겁니다. 건강권과 생존권이 따로 떨어져 있는 게 아니었던 거지요.

당신이 말하는 인권이 뭐냐? "인권 보장을 느낄 필요도 없이 행복한 상태."

김중섭 | 노인문제는 대한민국 전체의 고민입니다. 한국처럼 고령화 사회가 이렇게 빨리 진행되는 사회도 드물죠. 사실 인권은 복지의 문제이기도 하거든요. 복지 없는 사회가 인간 존엄의 상실과 연결되는 겁니다. 많은 분들이 한국사회를 진단할 때 교육, 건강, 주거, 노후, 일자리를 다섯 가지 불안요소로 꼽잖아요. 그런데 지금 어르신들은 이 다섯 가지 불안에 전부 걸쳐 있어요. 젊어서 죽어라 일만 하고, 미래를 위한 연금 같은 건 준비해 놓지 못한 겁니다. 국가는 나 몰라라 하고요.

유럽의 경우 연금제도만 잘 되어 있는 게 아니라 노인 일자리도 어느 정도 틀이 잡혀 있어요. 박물관이나 미술관 같은 곳에서 자원봉사를 하는 어르신들도 많고요. 완전 무료는 아니고 실비 정도를 보장받죠. 돈이 문제가 아니라 노인들에게는 사회적 활동과 단절되지 않는 것이 중요합니다. 인권은 일회적이거나 단기적 관점에서 보면 안 됩니다. 노인복지라는 현안이 생겼으면 그건 다각적이고, 복합적인 요인들이 함께 작용해 나타난 결과죠. 그걸 풀어낼 때도 다층적인 접근이 필요합니다.

노희용 | 노인문제를 풀어낼 단초는 있는 것 같습니다. 노인복지가 잘 된 서구엔 없지만 우리에겐 있는 것, 그게 경로당 문화죠. 다른 나라의 학자들도 우리의 경로당 문화를 놀라워한다고 그럽니다. 서양은 개인주의라서 칸막이처럼 뿔뿔이 흩어져 살잖아요. 그런데 우리 어르신들은 경로당에 전부 모여서 정말 친하게 지내죠. 어르신들끼리 특

별한 유대관계를 맺고 있고, 그게 어쩌면 공동체가 살아 있다는 증거가 아닐까요? 경로당 문화의 긍정적인 부분을 살려내고, 노인들이 마을의 퇴역이 아니라 여전히 마을에 중요한 역할을 담당하는 어르신이란 걸 일깨워 주면 노인문제 해결의 실마리가 풀리지 않을까 생각합니다.

김중섭 | 경로당에 일자리의 개념을 도입해 보면 어떨까요? 제가 일본의 어떤 마을에서 본 건데, 거긴 노인들 식사제공을 재미있는 방식으로 해요. 주민들이 자원봉사를 하는데, 완전한 봉사의 개념은 아니에요. 일정 수준의 비용을 보상해 주는 거죠. 그러니까 노인들 식사제공하는 자리에 노인들이 나와서 자원봉사를 합니다. 식사를 하는 사람들도 우리처럼 공짜로 먹는 건 아니에요. 최소한의 금액을 냅니다. 그런 구조이다 보니까 자원 봉사하는 노인들이 기계적으로 수동적으로 일을 하는 게 아니더라고요. 직접 조리하고, 메뉴 정하는 회의에도 참여하죠. 봉사와 일자리 개념이 합해지니까 노인들의 얼굴에 생기가 돕니다. 노인들은 작은 것에 행복해합니다.

노인들을 위한 일자리 교육도 생각해 볼 만한 문제예요. 동구에 아시아문화전당이 생기잖아요. 그런 곳에서 노인들이 자원봉사를 하려면 기본적인 학습이 필요합니다. 동구가 나서 미리 학습프로그램을 만드는 거예요. 노인을 돌봄의 대상으로 볼 게 아니라 하나의 주체로 만들어주는 게 진짜 노인인권을 고려한 행정입니다.

김중섭 교수와의 대화는 동구에 소재한 알암인권작은도서관에서 진행됐다.

노희용 | 그런 식으로 어르신들이 활력을 찾을 수 있는 계기 같은 게 중요하잖아요. 제가 경로당엘 자주 찾아가는데, 바둑이나 장기를 잘 두는 분이 참 많습니다. 그래서 제가 바둑, 장기대회를 한 번 해보려고 추진하고 있습니다. 경로당에 앉아 늘상 고스톱만 치고 있는 것보단 훨씬 낫잖아요. 그러면 그분들이 주인공이 되고, 마을공동체 형성에도 도움이 될 것입니다. 107개 경로당 별로 대표선수를 뽑아서 선의의 대결을 시키는 거지요. 그럼 아마 경로당 별로 최우수 선수 고르려고 온 동네를 뒤질 거예요. 응원도 치열할 것이고, 그 과정을 통해 어르신들이 '나 아직 죽지 않았다'는 걸 집단적으로 느끼는 거죠.

김중섭 | 아주 근사한 생각입니다. 결국 주민들이 서로 연결돼 있어야 하지 않겠습니까. 유대관계가 중요한데, 바둑, 장기대회를 하면 그 자체가 얘깃거리가 되고, 소외됐던 어르신들이 중심에 서는 겁니다. 선수로 참여한 어른이나 선수를 응원하는 어르신들이나 그 시간이 얼마나 즐겁겠습니까.

광주정신, 가장 아름다운 인권

노희용 | 인권도시를 이야기할 때 광주를 빼놓기는 어려울 것 같습니다. 1980년 오월 광주는 완전히 고립된 상황이었잖아요. 계엄군에 대항해서 시민들이 총기를 들고 있는 상황이었고요. 그런데도 단 한 건의 범죄조차 일어나지 않았습니다. 오히려 시민들 서로 주먹밥을 나눠 먹으며 더불어 행복한 대동 세상을 이뤘죠. 고립된 절망 상태에서도 남을 배려하고, 해방의 공동체를 만들어낸 광주 사람들이야말로 인권을 몸으로 실천한 게 아닐까요?

김중섭 | 제가 지금 인권도시에 관한 책을 하나 쓰려고 합니다. 책 제목도 '인권의 지역화'라고 지어 놨어요. 그 책에 세 가지 사례를 언급하려고 하는데, 하나는 일본입니다. 두 번째는 제가 살고 있는 진주이구요, 마지막을 광주로 잡았습니다. 광주는 항상 인권을 강조하는데, '그 뿌리가 뭘까?' 하고 공부를 해보니까 5·18민중항쟁인 겁니다. 5·18이 남긴 유산이 30년이 넘게 지난 지금까지도 강하게 남아 인권

으로 승화된 거죠. 결론이 거기 미치니까 공부를 안 할 수가 없었습니다. 5·18 자료를 굉장히 많이 뒤졌어요. 사실 5·18 때 군대에 있었거든요. 대학원까지 마치고 나이 많은 졸병으로 군대에 있었는데 소문만 들은 거죠. 책에서만 보고, 나중에 비디오로 보고 광주를 알았어요. 이번에 다시 학술적인 면을 염두에 두고 봤더니 5·18이 인권의 측면에서도 대단한 역사였습니다.

노희용 | 저는 5·18 때 고등학교 3학년이었어요. 제가 무슨 대단한 생각을 가졌거나 사회적 문제를 인식하고 있던 학생도 아니었는데 친구들을 선동해서 도청으로 나가려고 했어요. 내 가족, 내 친구, 내 이웃이 무참하게 당하는데 가만히 앉아서 공부나 하고 있을 수가 없더라고요. 저녁에 교문 밖으로 나가려고 하는데 선생님들이 간곡하게 말려서 나가지는 못했어요. 결국 5·18의 힘은 관계에서 나왔던 것 같아요. 계엄군에 포위된 광주는 같은 운명공동체였고, 나와 너의 생각이 하나로 뭉쳐지는 순간 나보다 남을 먼저 생각하는 순정한 연대의 의식이 집단화됐고, 그것이 오월광주를 가능케 하지 않았나 생각합니다.

김중섭 | 5·18의 유산을 잘 보존하는 게 어쩌면 최고의 인권교육이 아닐까 생각합니다. 5·18의 유산은 현재를 사는 우리뿐만 아니라 미래를 살아갈 세대들에게도 어떤 형태로든 영향을 미칠 겁니다. 당연히 보존은 현재를 사는 우리들의 몫입니다. 제가 유럽에서 공부할 때

역사적인 현장들을 많이 돌아봤어요. 아우슈비츠에도 가봤는데, 그 드넓은 평야를 그대로 놔두고 있더라고요. 세계에서 제일 큰 박물관이었어요. 나치 만행의 현장도 곳곳에 남아 있고요. 기억을 일부러 지우고, 먹고 사는 게 우선이라는 논리로 지키지 못하면 역사에 커다란 죄를 짓는 겁니다. 광주 동구는 옛 전남도청과 분수대 광장이 있는 5·18의 중심지역이잖아요. 그 도시적 특수성을 잘 간직해야 합니다.

노희용 | 사실 5·18때 죽을 줄 뻔히 알면서도 계엄군에 맞서 끝까지 싸운 사람들의 면면을 보면 대단한 사람들이 아니었어요. 학생이나 택시기사, 시장 아줌마처럼 그냥 일반 시민이었고요. 광주 사람들은 잘못된 행동에 분노할 줄 알았던 겁니다. 어느 도시나 자기들만의 역사와 특색이 있고, 거기서 비롯된 가치 지향점들이 있을 거예요. 광주는 민주와 인권을 이념적 가치로 삼고 있는 것 같습니다. 광주가 먼저 그 가치에 대한 자긍심을 가질 필요가 있고, 그러기 위해선 민주와 인권의 정신을 생활 속에서 실천하는 노력들이 필요하지요.

김중섭 | 맞습니다. 민주나 인권 같은 5·18의 가치들이 항쟁 세대에서만 끝나는 것이 아니라는 걸 이제는 모두 알잖아요. 5·18의 확산을 위해선 교육이 굉장히 중요합니다. 교육이란 게 학교에서만 받는 게 아니고요. 사회 전체가 서로에게 가르치고, 서로에게 또 배웁니다. 광주가 우리나라 전체를 대상으로 5·18의 가치에 대해 교육을 해야 합니다. 동구가 인권담당관실을 만들고, 인권 교육프로그램도 많이

5·18의 유산을 잘 보존하는 게 최고의 인권교육이다.

운영하는데, 인권교육이라는 게 사실 별 거 없어요. 광주정신을 알리는 게 바로 가장 소중한 인권 교육입니다.

노희용 | 너무 막연해서 그렇지, 인권이란 것도 따지고 보면 어렵게 생각할 일이 아니라고 봅니다. 그냥 사람 사는 이야기인 것 같습니다. 인간의 모든 권리는 삶 속에서 나오는 것이고, 모든 삶 안에서 인권은 존중받아야 하니까요. 교육이란 것도 결국은 공유의 폭을 넓혀 나가는 거잖아요. 혼자만 잘 하는 게 중요한 게 아니라 함께, 같이 움직이는 게 진짜 인권이란 걸 교수님께 오늘 배웠습니다.

김중섭 | 머리에서 가슴으로의 여행이 가장 먼 여행입니다. 머리로는 이해해도 가슴으로 와 닿지 않는 경우가 많잖아요. 인권이 그렇습니다. 인권이 중요하다고 다들 얘기를 하는데 사회적 약자들의 인권은 나 몰라라 하면서도 자기가 당할 때는 인권을 찾는 사람들이 너무 많잖아요. 광주 동구의 인권행정은 아주 좋은 사례지만 그게 광주 동구에서만 그치면 안 됩니다. 서울 성북구가 인권행정으로 많은 성과를 내고 있어요. 김영배 구청장처럼 같은 생각을 가진 사람들과 교류하고 연대해서 좋은 아이디어를 만들어 보세요. 그렇게 만들어진 성과와 성공사례들을 다른 기초자치단체에 전파하시구요. 각 자치단체의 인권 담당자들의 협의체도 필요합니다. 민관거버넌스의 협치를 제도적인 틀로 운영해야 하구요. 우월적 위치로서의 행정패턴을 지양해야 합니다. 좋은 아이디어를 서로 나눠 가지면 시행착오도 덜하게 되

잖아요. 인권도 나누면 커집니다.

노희용 | 행정은 기본적으로 몸이 무겁습니다. 문서로 일을 하고 절차가 수반되기 때문에 시간이 일정하게 걸립니다. 일을 추진하다 문제에 부딪히면 기존의 관행을 앞세우는 경향도 있고, 새로운 문화현상을 받아들이는 수용력도 떨어집니다. 실례로 마을공동체만들기나 사회적 경제, 도시농업이 시민영역의 이슈였는데 지금은 행정의 주요정책으로 편입됐잖아요? 앞서 말씀드린 행정의 소극성을 극복하는 방법이 거버넌스라고 생각합니다. 시민사회를 비롯한 민간영역의 급진성을 행정이 탄력적으로 수용하기엔 현실적으로 어려운 측면도 있고, 이 때문에 거버넌스가 형식적으로 흐르기도 합니다. 시민사회와 민간영역은 행정전달체계의 뒤에서 행정업무를 대행하는 경우도 있는 것 같고요. 이슈와 담론 생산, 이를 실현하기 위한 정치사회적인 대응력이 시민사회와 시민운동의 근본적인 가치이자 핵심적 기능이기 때문에 그러한 가치를 최대한 행정과 접목할 수 있는 관계망을 생성하도록 노력하겠습니다.

마을은 힘이 세다

관계로서의 마을과 도반으로서의 주민

이제 한 걸음을 떼었을 뿐이다. 가야 할 길이 멀다. '혼자 가면 빨리 가고, 함께 가면 멀리 간다'고 했다. 내게도 함께 걷는 도반道伴이 필요했다. 길이 아득히 멀 때 걸음을 내딛는 사람의 몸은 저절로 굳는다. 함께 걷는 이는 그래서 용기이고 마음이며 나눔이고 소통이다. 그리하여 마지막엔 관계에 가닿는 것이다. 동행은 서로가 서로에게 다음 걸음을 놓게 하는 일상의 힘이다. 하여 길 위에서 사람과 사람은 가치의 기울기가 어느 한쪽으로 치우치지 않는 무등처럼 서로 등급 없이 평등하다.

열 분의 선생들과 긴 대화를 마쳤다. 대화는 결국 걸음을 시작하기 위한 마음가짐이었고 도반을 얻기 위한 엎드림이었다. 대담은 내가 발 딛고 사는 광주 동구의 구석구석을 돌며 진행됐다. 어느 때는 해외로 날아가기도 했고 일본의 마을만들기 전문가는 흔쾌히 우리가 사는 마을로 와 주기도 했다. 말을 주고받을 때 말 속에 마을의 숨결이 담겼고, 주민들의 눈물도 담겼다.

무등산과 도시재생, 그리고 문화도시와 복지, 인권의 문제를 화두처럼 건네고 말씀을 받았다. 주로 듣는 쪽에 속했던 나는 선생들에게서 광주 동구의 '오래된 미래'를 봤다. 그분들이 내게 공통으로 건넨 가르침은 관계로서의 마을과 벗이자 도반으로서 주민이다. 마을공동체가 살아나기 위해서는 주민과 주민이 함께 걷는 관계로 서야 한다. 행정은 주민들이 먼저 간 길을 따라 걸으면 된다. 그것이 궁극의 자치다.

긴 대화를 마칠 때마다 그 만큼의 침묵이 여운으로 남았다. 비로소 기야 할 길들의 윤곽이 보였고 주민과 함께 가야 할 길 위에 사람이 마을이 놓여 있었다. 일본 아만토마을의 천인天人. '스스로 하고 싶은 일을 함으로써 행복한 공동체를 만드는 사람' 이라는 의미다. 막바지 지향점이 마을공동체를 만드는 것이라 해도 그것에 집착할 필요는 없다. 굳이 마을기업이라거나 협동조합이라는 방법론을 떠올릴 필요도 없었다. 방점은 스스로 하고 싶은 일에 찍혀 있었다.

주민 모두가 하고 싶은 일을 스스로 하고, 그 일이 이웃에게 도움이 되는 일이었을 때, 개인의 성과가 둥근 파장을 일으켜 마을의 성과로 탑처럼 쌓일 때 사람 사는 마을공동체가 열린다. 광주 동구처럼 마을공동체의 바탕이 좋은 도심이 또 어디 있을까? 옛 집들이 살아 있고 옛 마을이 건재하고 옛 이야기가 아직 남아 있다. 특히 무등산은 남도 민중들의 지난한 삶이 씨줄과 날줄로 엮여진 모든 관계들의 구심점으로 서 있다. 그 관계망들을 현재적 관점으로 엮으면 그게 곧 지역공동체다.

마을은 힘이 세다. '미래 세계의 희망은 모든 활동이 자발적인 협력으로 이뤄지는 작고 평화롭고 협력적인 마을에 있다' 던 마하트마 간디의 말을 굳이 빌려오지 않더라도, 우리의 삶터에서도 마을의 힘은 충분히 발현되고 있다. 서울 성미산마을이 그렇고, 일본 아만토마을이 그러하며, 산복도로를 품은 부산의 아미동 또한 그러하다. 무너진 도시를 다시 일으키는 힘은 서로를 살리는 마을과 주민들 속에서 나온다.

'모두의 밥' 이 자치다

17년 동안 공무원으로 살았던 내겐 평생 잊지 못할 밤이 있다. 세상의 미혹에 흔들리지 않을 나이, 마흔 살이 되는 순간이었다. 서른아홉의 12월 31일 자정에 나는 몸을 뒤척였다. 밤은 깊어 가는데 풀지 못할 고민에 빠졌다. 지난 10년을 돌아보니 나름 열심히 살았던 것도 같은데 결과적으로 나의 밥을 위해서만 힘겹게 뛴 내가 보였다. 긴 묵상의 밤이 흐르고 새해 햇귀가 밝아왔다.

다음 10년은 어떻게 살아야 할까? 마음속 다짐들을 종이 위에 작정 없이 적었다. 많은 결심과 내 자신에 대한 선언의 문장들이 새겨졌다. 마지막 결론으로 맺은 말은 '모두의 밥' 이었다. 밥이라는 게 속성부터 그렇다. 혼자 먹으면 별로 맛이 없다. 여럿이 둘러앉아 밥알을 흘리며 달게 먹을 때 제 맛이 난다. 들일을 하다 팔 걷어붙이고 먹던 못밥 같은 모두의 밥. 그런 밥을 함께 먹고 싶었다.

모두의 밥은 내게 자치의 다른 말이었다. 그 순간부터 나이 쉰이 될 때까지 정치를 꿈꿨다. 지난 그 10년 동안 '정치는 누가 무엇을 언제 어떻게 얻는지 결정하는 사회적 과정이다'는 정치학자 해롤드 라스웰의 말을 늘 떠올렸다. 정치란 결국 한정된 재원을 개별 사회집단 사이에 배분하는 방식이다. 그 배분을 어떻게 하느냐에 따라 재원은 개인의 밥이 되기도 하고, 모두의 밥이 되기도 한다.

대화를 주고받은 선생들은 내게 하나같이 정치가 모두의 밥으로 작동할 수 있는 배분의 원리를 일러주었다. 무등산·도시재생·문화도시·복지·인권. 다섯 개의 말 속에 모두의 밥이 골고루 스며들어 있었다. 말씀을 주신 열 분의 선생들께 깊은 감사의 인사를 드린다.

나이 오십에 닿을 때까지 나는 구체적인 사회변화의 도구로서 정치를 꿈꿨다. 그리고 2012년 12월, 내 아우인 박규견과 겨울바람을 맞으며 보궐선거를 치렀고 당선과 함께 지금까지 온몸으로 내달려왔다. 이는 정책팀을 맡은 내 아우가 마음을 다해 함께한 덕분이다.

인문사회도시 광주를 꿈꾸는 아우는 나이 오십에, 오는 6월 선거가 끝나면 그 동안 미뤄둔 공부를 위해 대학원으로 복귀한다. 나는 내부 간 경쟁과 이전투구로 사람의 숨결이 거세된 정치적인 공간에서 경쟁하지 않고 싸우지 않는 부쟁不爭으로 사람의 가치를 세워가던 아우의 모습을 걱정스럽게 지켜볼 때가 많았다. 스스로 무명유한無名有閑의 삶의 방식을 통해 일을 만들어가면서 가치중심의 역할로 헌신하는 뒷모습을 볼 때는 안타깝기도 했다. 습관처럼 치러지는 선거보다 일상성이 담보된 수많은 선택행위가 어떤 정치적인 행위보다 중요하다는 아우의 말은 그래서 참으로 극진하다.

정치인으로 살아가야 할 나의 걸음을 위해 눈 밝은 지성들과 마음으로 모실 수 있는 어른들을 만날 수 있도록, 정책대담을 기획하고 진행하며 이 책을 마무리 해준 아우에게 고마움과 한없는 미안함을 전한다. 그런 내 아우가 마음을 헐어 함께 펴낸 이 책엔 앞으로 내가 풀어가야 할 아름다운 과제들로 그득하다. 이는 정치적인 가치로서도 소중한 일이지만 내 인생을 채워가는 내용으로서도 기꺼운 일이다.

노희용의 경청
마을에 천하가 있다

초판 1쇄 찍은 날 2014년 2월 14일
초판 1쇄 펴낸 날 2014년 2월 20일

지은이 노희용
펴낸이 송광룡
펴낸곳 도서출판 심미안
주소 501-841 광주광역시 동구 천변우로 487(학동) 2층
전화 062-651-6968
팩스 062-651-9690
메일 simmian21@hanmail.net
등록 2003년 3월 13일 제05-01-0268호

값 19,000원
ISBN 978-89-6381-116-1 03800